Bolz
Zurück zu Luther

Norbert Bolz

Zurück zu Luther

Wilhelm Fink

Umschlagabbildung:
Lucas Cranach der Ältere, Porträt von Martin Luther, 1528

Bibliografische Information der Deutschen Nationalbibliothek
Die Deutsche Nationalbibliothek verzeichnet diese Publikation in der
Deutschen Nationalbibliografie; detaillierte bibliografische Daten sind im
Internet über http://dnb.d-nb.de abrufbar.

Alle Rechte, auch die des auszugsweisen Nachdrucks, der fotomechanischen
Wiedergabe und der Übersetzung, vorbehalten. Dies betrifft auch die
Vervielfältigung und Übertragung einzelner Textabschnitte, Zeichnungen
oder Bilder durch alle Verfahren wie Speicherung und Übertragung auf
Papier, Transparente, Filme, Bänder, Platten und andere Medien, soweit es
nicht §§ 53 und 54 UrhG ausdrücklich gestatten.

© 2016 Wilhelm Fink, Paderborn
(Wilhelm Fink GmbH & Co. Verlags-KG, Jühenplatz 1,
D-33098 Paderborn)

Internet: www.fink.de

Einbandgestaltung: Martin Mellen und Peter Zickermann, Bielefeld
Satz: Satzwerk Huber, Germering
Printed in Germany
Herstellung: Ferdinand Schöningh GmbH & Co. KG, Paderborn

ISBN 978-3-7705-6086-8

INHALT

Vorwort	7
Gesetz und Evangelium	9
Das fremde Wort	14
Jesus Christus genügt	19
Die Schwierigkeit an Gott zu glauben	25
Wo ist das Reich Gottes?	33
Hat der Christ einen freien Willen?	36
Der schreckliche Gott	39
Was ist Sünde?	45
Der geile Adam	50
Die Wirklichkeit des Teufels	56
Der Fall Kohlhaas	60
Die Lehre von den zwei Reichen	65
Die fremde Gerechtigkeit	76
Der gnädige Gott	81
Das Rätsel der Nächstenliebe	84
Das gesprochene und das gedruckte Wort	90
Der Ritter der Schrift	97
Luther und die Neuzeit	101
Radikaler Glaube oder radikales Wissen	109
Die Nostalgie nach dem Absoluten	115
Weg, weg, Vernunft!	119

Anmerkungen... 123
Literaturverzeichnis 139

VORWORT

Zurück zu Luther. Klingt das fundamentalistisch? Dieses Missverständnis möchte ich von vornherein vermeiden. Die Formel ist vielmehr ein Vorschlag zur Güte. Ich formuliere ihn als Hobbytheologe und einfaches Mitglied der evangelischen Kirche. Mit dieser Formel möchte ich Luther gegen den sentimentalen Humanitarismus unserer Zeit in Stellung bringen. Es gibt nämlich keinen schärferen Kritiker des Gutmenschentums als Luther. Der große dänische Protestant des 19. Jahrhunderts, Sören Kierkegaard, spricht in diesem Zusammenhang von christlicher Abhärtung, und zwar ausdrücklich gegen die Sentimentalen seiner Zeit. Er trifft den für mich entscheidenden Punkt, wenn er sagt, Luther lehre einen Glauben für Erwachsene. Und ich meine, dass es genau dieser Glaube für Erwachsene ist, der der evangelischen Kirche heute Not tut. Das große Lutherjahr 2017 bietet für das große Umdenken den geeigneten Anlass.

Also nur ein Buch für Protestanten? Luther hat mit seinem Angriff auf die Kirche das Christentum gerettet. Das heißt aber auch, dass er der katholischen Kirche gut getan hat. Deshalb meine ich, dass gerade auch die Katholiken an Luther Interesse haben müssten. Über ein Jahrzehnt war ich Assistent des Judaisten und Philosophen Jacob Taubes, der sich gegen Ende seines Lebens fast ausschließlich mit Paulus-Studien beschäftigte. Auf die Frage Warum? antwortete er mir einmal, er wolle Paulus für das Judentum zurückgewinnen. In den Vorlesungen über die politische Theologie des Paulus, die er kurz vor seinem Tod gehalten hat, spricht Taubes von der „Heimholung des Ketzers". Müsste das nicht auch die Haltung eines katholischen Theologen Luther gegenüber sein?

Mein Buch wendet sich aber vor allem auch an meinesgleichen. Das sind Menschen, für die der Gebetsseufzer charakteristisch ist: Hilf meinem Unglauben! Der Glaube wird ständig belagert vom Unglauben. Es gibt immer noch Menschen, die fromm sein möchten. Aber das scheint heute schwieriger denn je. Und zwar nicht deshalb, weil Gott so hohe Anforderungen an uns stellen würde, sondern weil wir *ständig das krasse Gegenbeispiel einer ihm entgegengesetzten Lebens-*

führung vor Augen haben. Luther kennt unser Problem: Wir leben in einer Welt der Gottunfähigen.

Ich verfolge in diesem Buch keine kritische sondern eher eine pädagogische Absicht. Alles, was man von Luthers Lehre wissen muss, soll knapp und klar dargeboten werden. Ich will Luther keine Widersprüche nachweisen und auch nicht auf die Zeitbedingtheit seiner Aussagen verweisen. Während die professionellen Philologen und Theologen mit guten Gründen zwischen dem frühen und dem späten Luther unterscheiden, ergeben seine Schriften für mich als Laien ein einheitliches Bild. Luthers Lehre ist einfach. Deshalb muss ein Buch über ihn für jedermann verständlich sein.

Sehr oft lasse ich Luther selbst zu Wort kommen. Er hat dem Volk aufs Maul geschaut und deshalb eine jedem gut verständliche Sprache gesprochen. Dank Kurt Alands „Luther Deutsch" gilt das auch noch für den heutigen Leser. Ich zitiere Luther deshalb fast ausschließlich nach Alands Werkauswahl. Diese Zitate sind kursiv gesetzt. Aber natürlich gebe ich auch die entsprechenden Stellenhinweise auf die von Wissenschaftlern und Theologen genutzte Weimarer Ausgabe der Werke Luthers. Lateinische und griechische Begriffe sind hin und wieder unvermeidbar. Ich verwende sie aber so sparsam wie möglich und versuche sie stets durch eine angemessene Übersetzung zu erläutern. Ich hoffe deshalb, dass sie den Lesefluss nicht stören. So sollte das Büchlein auch für jeden interessierten Laien leicht lesbar sein. Eine Ausnahme stellen allenfalls die letzten Kapitel über Luther und die Neuzeit dar. Man kann diese Frage nicht ohne Bezug auf die wissenschaftliche Neuzeitforschung behandeln. Im übrigen habe ich aber all das, was man „akademischen Apparat" nennen könnte, in den Anmerkungsteil verbannt.

Gesetz und Evangelium

Die Bibel besteht aus zwei Büchern, nämlich dem Alten Testament und dem Neuen Testament. Wir wurden als Christen daran gewöhnt und haben uns daran gewöhnt, diese beiden Bücher als Einheit zu sehen. Dafür haben Theologen den Begriff der Präfiguration geprägt. Gemeint ist, dass die Geschichten des Alten Testaments erst ihren eigentlichen Sinn bekommen, wenn man sie auf das Christusgeschehen des Neuen Testaments hin liest. Christus ist dann gewissermaßen der Lektüreschlüssel für den jüdischen Teil der Bibel. So heißt es bei Rudolf Bultmann über die Bedeutung des Alten Testaments für den christlichen Glauben: „Der christliche Glaube reißt gleichsam das Alte Testament an sich und behauptet, dass das, was hier gesagt wird, einst nur in einem vorläufigen und beschränkten Sinne gesagt und verstanden werden konnte, dass es erst jetzt recht gesagt und gehört werden kann."

Im Neuen Testament wird erfüllt und übererfüllt, was im Alten Testament geschrieben steht. Aber dass da etwas erfüllt wird und was da erfüllt wird, kann man erst erkennen, wenn der Erfüllende, nämlich Christus, erscheint. Erst von der Erfüllung in Christus aus wird die Weissagung des Alten Testaments überhaupt als Weissagung erkennbar. Deshalb lesen die Juden in ihrer heiligen Schrift etwas ganz anderes als die Christen. Die Lektüretechnik der Präfiguration geht auf eine Stelle des Römerbriefs von Paulus zurück. Römer 5,14 heißt es, Adam sei ein Bild – griechisch: τύπος (typos) – dessen, der kommen sollte, also von Jesus. Die Bibel so zu lesen, setzt beim Leser natürlich die Gewissheit voraus, dass das Christentum das Judentum überbietet.

Wenn man diesen Lektüreschlüssel der Präfiguration aber nicht zur Hand nimmt, zeigen sich große Gegensätze zwischen Altem und Neuem Testament. Dort das strenge Gesetz der Zehn Gebote, hier die frohe Botschaft von der Vergebung der Sünden. Dieser Gegensatz wird bei all den Theologen besonders deutlich, die sich an Paulus orientieren. Paulus war ja der Apostel, der Jesus gar nicht kannte. Er interessierte sich aber auch gar nicht für das Leben Jesu, sondern konzentrierte den christlichen Glauben ganz und gar auf das Kreuzesgeschehen, nämlich auf die schmähliche Hinrichtung und die wunderbare Auferstehung des Gottessohns. Was soll Moses uns noch zu sagen haben, nachdem uns Christus erlöst hat? Markion, der radikalste und konsequenteste Schüler des Apostels Paulus, hat deshalb das Alte Testament völlig verworfen.

Es gibt also auf der einen Seite die so genannte kanonische Exegese, die mit dem Lektüreschlüssel Christus die Bibel als Einheit liest. Und es gibt auf der anderen Seite Theologen wie Paulus und Markion, die die Spreu vom Weizen trennen wollen und sich nur auf vergleichsweise wenige heilsrelevante Texte beschränken. Dabei darf man nicht vergessen, dass die Bibel, so wie wir sie heute kennen, selbst ein Produkt kirchlicher Selektion ist – nämlich eben gegen den radikalen Markion. Aber wo steht in dieser Frage Luther? Wie jeder weiß, hat er ja die ganze Bibel übersetzt. Gleichzeitig findet man bei ihm aber den Satz: *Mose ist tot.* Heißt das nicht, dass das Alte Testament für den Christen überflüssig ist? Wir werden gleich sehen, wie sich dieser scheinbare Widerspruch löst. Und damit sind wir dann auch schon im Zentrum von Luthers Lehre.

Das Verhältnis von Altem Testament und Neuem Testament ist das Verhältnis von Gesetz und Evangelium. Zum Verständnis entscheidend wichtig ist hier eine Stelle aus dem Römerbrief des Paulus, nämlich 7,13. Die Funktion der Gesetze und Gebote ist es, die Sünde als Sünde sichtbar zu machen. Wie es in der Einheitsübersetzung heißt: Durch das Gebot soll sich die Sünde in ihrem ganzen Ausmaß als Sünde erweisen. Und Luther spitzt das in seiner Übersetzung noch zu: Durch das Gebot soll die Sünde überaus sündig werden. Was damit gemeint ist, wird klar, wenn man sieht, wie Paulus die jüdische Tradition auf ein Verbot reduziert: Du sollst nicht begehren. Dieses Gesetz ist nicht erfüllbar. Aber die Unerfüllbarkeit des Gesetzes macht es nicht sinnlos. Im Gegenteil. Gerade weil das Gesetz unerfüllbar ist, macht es den Menschen grundsätzlich als Sünder erkennbar. Und Paulus macht dann aus der Not der Unerfüllbarkeit des Gesetzes die theologische Tugend der Rechtfertigung durch den Glauben. Das ist auch das Hauptstück der Lutherschen Lehre. Es ist sehr erläuterungsbedürftig, und ich werde deshalb noch ausführlich darauf zurückkommen.

Um den Unterschied zur frohen Botschaft des Neuen Testaments herauszuarbeiten, können wir die Botschaft des Alten Testaments auf einen Begriff reduzieren: das Gesetz. Gemeint sind nicht nur, aber vor allem die Zehn Gebote, die man mit dem natürlichen Sittengesetz gleichsetzen kann. Moses und die Zehn Gebote führen uns bis zur Erkenntnis unserer Bosheit, aber nicht weiter. Das Gesetz bringt uns also nicht die Gerechtigkeit, sondern nur das Sündenbewusstsein. Man könnte auch sagen: Das Gesetz ist schuld an der Sünde. Es offenbart uns die Erbsünde. Aber es kann sie nicht überwinden.

Alles entscheidend ist deshalb die Unterscheidung von Gesetz und Evangelium. Das Gesetz führt zur Erkenntnis der Sünde, indem es sagt, was zu tun und was verboten ist. Das Evangelium lehrt die Vergebung der Sünde durch das Christusgeschehen. Das Gesetz spricht schuldig, das Evangelium vergibt. Worum es nun Paulus und Luther geht, ist, dass für die Existenz des Menschen beide Botschaften gleichzeitig gültig sind. Deshalb findet man bei Luther immer wieder die lateinische Formel simul iustus et peccator. Zu Deutsch: Ich bin gleichzeitig gerecht und Sünder. Ich bin Sünder, weil das Gesetz mich schuldig spricht. Und ich bin gerechtfertigt, weil mir das Evangelium meine Sünden vergibt. Das Gesetz erzeugt den reuigen Sünder, das Evangelium den rechtfertigenden Glauben. Und wir müssen immer beides zugleich hören.

Es handelt sich in der Bibel also um zwei streng geschiedene Lehren: Das Gesetz fordert von uns, dies zu tun und das zu lassen. Das Evangelium predigt das Gegenteil und *heißt uns nur die Hände hinhalten und nehmen.* Für das Verhältnis dieser beiden so unterschiedlichen Lehren zueinander hat Luther ein schönes Bild gefunden: *Das Evangelium von Christus ist die Sonne, das Gesetz ist der Mond. Der Mond sieht verfallen aus, wenn er die Sonne nicht hat. Wenn das Evangelium nicht dabei ist, so ist das Gesetz scheußlich und schrecklich. Wenn aber die Sonne in den Mond scheint, so hat der Mond ein helles, weißes Licht.*

Wenn Luther die Zehn Gebote interpretiert, macht er immer wieder deutlich, dass es unmöglich ist, sie zu halten. Das Gesetz ist die unerreichbare Norm, die Demut erzeugen soll. Ohne die Gnade Gottes ist es unmöglich, das Gesetz zu erfüllen. Und ohne die Gnade Gottes sind die Werke des Gesetzes, auf die die Gutmenschen so stolz sind, nur Heuchelei. Die Gebote haben die Funktion, uns zu demütigen. Und die Gedemütigten finden dann Trost in den Verheißungen des Evangeliums. Die Gebote werden also gepredigt, um die Sünder zu erschrecken. Das soll sie zur Reue, zur Selbsterkenntnis der eigenen Ohnmacht und damit zur Umkehr treiben. So weit die Botschaft des Alten Testaments. Den so gedemütigten Menschen aber erheben wieder die Verheißungen und göttlichen Zusagen des Neuen Testaments.

Weil wir Gottes Gebot nicht erfüllen können, sind wir *die Immer-Ungerechten*. Wir können Gott nur bitten, uns unsere Ungerechtigkeiten nicht anzurechnen. Nur mit Gottes Hilfe können wir Gottes Geboten gerecht werden. Ohne Gottes Hilfe zeigen mir seine Gebote nur meine Unfähigkeit. Sie *lehren, was man tun soll, geben aber keine Stärke dazu. Darum sind sie nur dazu geordnet, dass der Mensch darinnen sein Unvermögen zu dem Guten sehe und an sich selbst verzweifeln lerne.* So verliere ich mein Selbstvertrauen und suche Hilfe von anderswo. Und nun wird der entscheidende Schritt möglich, nämlich der Schritt vom Selbstvertrauen zum Gottvertrauen. Das ist die erste der zahlreichen Paradoxien, auf die wir auf unserem Weg zurück zu Luther stoßen: Der christliche Gewinn liegt gerade im Verlust des Selbstvertrauens. Das Schema von Luthers Grundgedanken hat schon Paulus vorgezeichnet. Das eigentlich unerfüllbare Gesetz klagt uns an. Das stürzt uns in eine ausweglose Rechtfertigungsbedürftigkeit. Und daraus befreit uns der Glaube an den gnädigen Gott.

Das Evangelium steht gegen das Gesetz. Indem es den gnädigen Gott verkündigt, nimmt es dem Gesetz seinen Schrecken. Und genau daraus gewinnt Luther seinen reformatorischen Impuls. Er nimmt den Priestern das Gesetz und gibt den Laien das Evangelium. Das entspricht aber genau der rhetorischen Formel von Jesus: Es steht geschrieben… Ich aber sage euch… Das Evangelium ist nämlich, so die großartige Definition des Soziologen Max Weber, die „Verkündigung eines Nichtintellektuellen nur an Nichtintellektuelle."

Die Reformation ist aber kein Bildersturm, kein Fundamentalismus. Es gibt ja auch in der protestantischen Kirche noch Kulte und Riten. Und im Streit mit Karlstadt über die Zulässigkeit von Bildern zeigt Luther eine eher laxe Haltung. Aber es ist doch deutlich, dass die Zahl der anerkannten Sakramente drastisch von sieben auf drei reduziert wird, nämlich auf Taufe, Buße und Abendmahl. Und es ist auch deutlich, dass das Hören und das Lesen des Evangeliums nun viel wichtiger sind als Kult und Ritus. Um es ganz scharf zu formulieren: Die Bibel ersetzt die Tradition. Und das Wort Gottes ersetzt den Papst als Stellvertreter Gottes auf Erden.

Das Evangelium ist wortwörtlich die gute Nachricht, nämlich die Verheißung und Zusage von Gnade, Heil und Erlösung. Dieser Verheißung Gottes vergewissert sich der Christ einerseits im Wort als Testament, andererseits im Zeichen als Sakrament. Das Sakrament ist ein Heilszeichen wie Brot und Wein beim Abendmahl. Es ist ein sichtbares Zeichen für ein unsichtbares Heilsgeschehen. Aber dieses Heilszeichen wird nur wirksam durch den Glauben an das Wort.

Beim Abendmahl bekommen wir Brot und Wein als Sakrament, das heißt als Zeichen. Viel wichtiger aber ist das Testament, nämlich das Wort Christi. Nur darum geht es letztlich, und Luther lässt keinen Zweifel daran, dass wir das Testament auch ohne das Sakrament haben können. Hier folgt Luther Augustinus: Brot und Wein sind das Element, das durch das Wort erst zum Sakrament wird. Nur durch den Glauben an Jesus Christus wird aus der Oblate die Hostie. Das Testament ist für Luther buchstäblich letzter Wille, nämlich die Verheißung, die hindurchgegangen ist durch die Menschwerdung Gottes und seinen Tod am Kreuz.

Das fremde Wort

Im Evangelium geht es um das Geschenk, das Gott uns machen will. Das ist Luthers ursprüngliche Einsicht. In der frohen Botschaft findet er den gnädigen Gott, der seiner verzweifelten Suche nach einer unbezweifelbaren Autorisierung ein Ende setzt. Der Gewissheitston, der jede Zeile Luthers durchdringt, zeigt, dass er im Evangelium den absoluten Maßstab für das Leben gefunden hat. Mit wissenschaftlichen Erkenntnissen über die Gesetze der Natur oder die Strukturen der Gesellschaft hat das natürlich nichts zu tun. Im Gegensatz zu den Naturwissenschaften und den Sozialwissenschaften spricht das Evangelium nämlich nur, und zwar ausdrücklich bei Lukas 10,42, von dem Einen, das Not tut.

Die kurze Geschichte, die Lukas hier erzählt, handelt von zwei Frauen, die den umherziehenden Jesus in ihr Haus aufnehmen. Martha gibt sich größte Mühe um ihn, aber Maria setzt sich nur zu Jesu Füßen und hört ihm zu. Sie macht sich nicht verdient um Jesus, aber sie wählt das Richtige und Wichtige. In allen wirklich wichtigen Fragen kann man nämlich nicht leisten, sorgen und urteilen, sondern muss glauben. Und der christliche Glaube spitzt diese Fragen letztlich auf das zu, was uns unbedingt angeht. Eins aber ist Not. Bei all den Mühen und Sorgen, die jeder hat, dringen wir doch nur in der Arbeit an Gott zu dem vor, was wirklich wichtig ist. Deshalb nennt Luther in einem Brief vom 17.11.1527 das Evangelium *das fremde Wort*. Es ruft uns auf zum Auszug aus der Welt in die Heilige Schrift. Denn Welt bleibt Welt – es zählt nur die unsichtbare Kirche.

Auf das fremde Wort des Evangeliums stößt ja auch Goethes Faust. Er ist auf der Suche nach dem, was die Welt im Innersten zusammenhält, und hat deshalb bereits Philosophie, Jura, Medizin und Theologie studiert. Umsonst. Auch die Magie hilft Faust nicht weiter, und so wendet er sich schließlich vom kraftlosen Wissen ab. Kann die Offenbarung des Neuen Testaments das bieten, was der Doktor in den Wissenschaften vergeblich gesucht hat? Faust schlägt das griechische Original des Johannesevangeliums auf und beginnt zu übersetzen. Der erste Satz lautet: Ἐν ἀρχῇ ἦν ὁ λόγος (En archā ān ho logos). Man kennt damals natürlich schon die lateinische Übersetzung: In principium erat verbum. Faust übersetzt genau wie Luther: Im Anfang war das Wort. Doch hier kommt er schon ins Stocken. Doktor Faust „kann das Wort so hoch unmöglich schätzen" und „muss es anders übersetzen". Das Wort „Wort" wird nun erst durch Sinn, dann durch Kraft und schließlich durch Tat ersetzt. Allein das würde schon genügen, um Faust als Verkörperung der Neuzeit kenntlich zu machen

Luther geht in die genau entgegengesetzte Richtung. Seine Reformation ist die Rückkehr zum Wort, das im Anfang war. Im Grunde sind es nur zwei weitere Sätze aus dem Prolog des Johannesevangeliums, aus denen dann alles andere folgt. Erstens, Gott selbst ist das Wort. Und zweitens, das Wort wird Fleisch, nämlich in Christus. Das Wort Gottes ist deshalb die Mitte, um die Luther die Gemeinde versammelt. Es ist eine Gemeinde von Einzelnen. Gott spricht mich an, und sein Wort nimmt mich in Anspruch. Das Wort Gottes richtet sich an mich, es richtet mich, und ich nehme das Urteil an. Nur so bildet sich meine wahre Identität. Luther versteht also das Wort Gottes als das Medium des Christ-Seins. Der Christ als Christ hat nichts anderes Heiliges, woran er sich halten könnte. Er muss versuchen, sich ganz und gar im Wort Gottes zu halten, *wie ein Kind in der Wiege*. Das Wort Gottes will uns aus dem kreatürlichen Leben des natürlichen Menschen herausziehen, aber es wird immer wieder von den Sorgen und Geschäften des Alltags verdrängt. Deshalb sollen wir *täglich mit Gottes Wort umgehen, es im Herzen und Mund tragen*.

Gott ist zwar nicht sichtbar, aber er spricht zu den Menschen – allerdings durch Menschen. Auf dieses „allerdings" folgt nun aber gleich ein zweites: Auf das zwar nur durch Menschen in der Predigt gesprochene Wort Gottes können wir uns allerdings verlassen. Es ist unser unerschütterliches Fundament. An dem möglichst wörtlich und einfach verstandenen Wort Gottes hat jeder Christ einen festen Halt. Dabei geht es gerade nicht darum, verstandesmäßig zu begreifen, sondern einfach nur zu glauben. Das Wort Gottes umfasst den Bereich des Glaubens, der der Vernunft prinzipiell unzugänglich ist. 1520 heißt es in der Schrift von der babylonischen Gefangenschaft der Kirche: *Fürwahr, wenn ich nicht begreifen kann, auf welche Weise das Brot der Leib Christi sein kann, will ich doch meinen Verstand gefangen nehmen unter den Gehorsam Christi und schlicht bei seinen Worten bleiben*. Ich verstehe nicht, wie das Brot zum Leib Christi wird, aber Gott sagt es und das genügt mir. Luther trägt seine Lehre also deshalb so selbstsicher vor, weil er sich von Gottes Wort gefangen genommen weiß.

Doch wir müssen hier unseren Verstand noch gar nicht gefangen nehmen. Das Wort, das am Anfang des Johannesevangeliums steht, nämlich dass im Anfang das Wort war, lässt sich sehr gut verstehen. Im Anfang war das Wort, das heißt: Alles, was vor dem Wort war, zählt nicht für den Menschen. Wir können uns das am besten klar machen, wenn wir auf den Anfang des Alten Testaments, also Genesis 1, zurückgreifen. Dort zeigt sich Gottes Sprache als Befehl, der die Welt erschafft. Gott sprach: Es werde Licht. Und es wurde Licht. Und so geht es weiter: Dann sprach Gott…, dann sprach Gott… Er nannte und schied. Und genau so wie die Erschaffung der Welt wird dann auch die Erlösung der Welt nur durch das Wort erfolgen. Am Anfang war das Wort Gottes und Gott ist das wirkende Wort im Sprechen, Benennen, Unterscheiden, Offenbaren, Richten. Alles, was Gott tut, tut er allein durch das Wort.

Eigentlich müssten wir heute besonders gut gerüstet sein, um zu verstehen, was es heißt, dass das Wort im Anfang war. Um zu verstehen, dass das, was vor dem Wort war, für den Menschen eigentlich nicht zählt. Denn gerade die modernen Sprachphilosophen haben uns ja gezeigt, wie man Dinge mit Worten macht. Sie haben uns gezeigt, wie der Sprechakt eines verpflichtenden Wortes unsere Lebenswelt verändert. Das gilt für die Wortpolitik der Regierungen genau so wie für die alltäglichen Versprechen, die wir uns geben. Zurecht sagt Rudolf Bultmann: „Ein Wort des Danks ist selbst Dank; ein Wort der Liebe ist selbst Liebe, ein Wort des Hasses ist selbst Hass". Der Mann, der ein Eheversprechen gibt; der Beleidigte, der verzeiht; die Politiker, die einen Pakt schließen; die Bürger, die die Republik ausrufen; der Informatiker, der ein Programm schreibt – sie alle schaffen durch Worte eine veränderte Wirklichkeit.

„Das Sprechen ist in der Tat eine Gabe aus Sprache, und die Sprache ist nichts Immaterielles." Das ist der Satz eines Psychoanalytikers, der uns gezeigt hat, wie die menschliche Existenz in eine symbolische Ordnung eingebettet ist, die alles vorprägt, was wir leben können. Und auch die jüngste Erfahrung, die wir gemacht haben, nämlich die Machtergreifung des Computers, bestätigt den Johannesprolog. Die Programme des Computers bilden ja eine Einheit von Rechnen, Steuern und Entscheiden. Deshalb können sie reale Prozesse in Gang setzen. Die Sprache des Computers tut, was sie sagt. Auch Maschinen sind nur aus Worten gemacht.

Wir müssen also nur an Versprechen und Vergebung, an Dichtung und Programm denken, um zu verstehen, was mit dem wirkenden Wort gemeint ist. Es verändert die Welt, ja es schafft sie überhaupt erst. Darin ist der Mensch tatsächlich das Ebenbild Gottes, und zwar in Schöpfung wie Verheißung. Deshalb definiert der Theologe Gerhard Ebeling das Wort Gottes als das „Wort, welches selbst das schafft, was es sagt". Die Wirklichkeit, die uns unbedingt etwas angeht, ist eine Wirklichkeit aus Worten. Das wahre Sein kommt aus dem Sagen. Und gerade auch das Gottesreich ist rein rhetorisch begründet. Es besteht nur aus „Wort-Tatsachen". Wenn also im Anfang, wie Fausts wildes Übersetzen meint, die Tat war, dann war es keine Tathandlung, sondern ein Sprechakt. Das bestätigt die These von Rudolf Bultmann, „dass das Wort Gottes nur in dem Augenblick, in dem es gesprochen wird, das ist, was es ist."

Der berühmteste und wirkungsmächtigste Philosoph des 20. Jahrhunderts, Martin Heidegger, hat nach dem Sein des Seienden gefragt. Das klingt rätselhaft und esoterisch. Und es bleibt rätselhaft, wenn man nicht den Schlüssel Luther hat. Wir können nämlich jetzt sehen, dass diese Frage Heideggers an exakt die Stelle tritt, die bei Luther die Frage nach dem gnädigen Gott besetzt hält. Das Sein des Seienden ist das Wort Gottes, das im Anfang war. Und dieses Wort ist wichtiger als alle Wunder. Luther könnte deshalb ohne weiteres auf die Wunderwerke Christi verzichten, solange man ihm nicht das unerschütterliche Fundament des Gottesworts nimmt. Die Predigten Christi sind also wichtiger als seine Werke. Deshalb haben die Paulusbriefe und das Johannesevangelium für Luther auch viel größere Bedeutung als die anderen Evangelien des Neuen Testaments.

Es liegt also alles am Wort. Die radikalste Formulierung dieser Lehre findet sich 1525 in Luthers Schrift wider die himmlischen Propheten. Dort schleudert er dem *Lügengeist* Karlstadt entgegen: *Das Wort, das Wort, das Wort, das Wort tuts!* Und hier begnügt sich Luther nicht mit der Unterscheidung von Sakrament und Testament beim Abendmahl. Selbst Leiden und Tod Gottes am Kreuz würden uns nichts helfen, wenn wir das Wort nicht hätten. *Denn ob Christus tausendmal für uns gegeben und gekreuzigt würde, wäre es doch alles umsonst, wenn nicht das Wort Gottes käme und teilte es aus und schenkte mirs und spräche: das soll dein sein, nimm hin und habe es für dich.*

Dass alles am Wort liegt, kann man auch so zusammenfassen: Gott wirkt nur durch das Wort. Der wahre Gottesdienst besteht schlicht darin, dass man von Christus redet. Und der Prediger ist unmittelbar die Stimme Gottes. Gerade deshalb aber sind Luther die Schwärmer verhasst. Er will keine inneren Stimmen hören oder Träume deuten, ja er bittet Gott sogar ausdrücklich, ihn mit der Offenbarung von Engelsmächten zu verschonen. Er hat das Wort, und das genügt.

Das Wort genügt, und es ist alles andere als harmlos. Wie die Predigt des Paulus, so hat auch die Predigt Luthers die ganze Welt durcheinander gebracht. Denn die Welt kann das Wort Gottes nicht ertragen. Und wenn es deshalb zum Kampf zwischen dem Fürsten dieser Welt und dem wahren Gott kommt, sind Aufruhr und Krieg unvermeidlich. So heißt es in einem Brief an Spalatin vom Februar 1520: *Das Wort Gottes ist Schwert, Krieg, Fall, Ärgernis, Verderben, Gift.* Das heißt, es verletzt genau so stark wie es tröstet und heilt. Es heißt aber gerade nicht, dass mit Gewalt für das Evangelium gekämpft werden soll. Denn zur Wahrheit des Glaubens darf niemand gezwungen werden. Und auch der Teufel wird mit dem Wort besiegt werden. Der Christ legt nicht Hand an, sondern er verwirft mit dem Wort.

Wir haben ja schon gesehen, dass das eigentlich unerfüllbare Gesetz die Aufgabe hat, den Menschen grundsätzlich als Sünder erkennbar zu machen. Wenn aber alle Menschen Sünder sind, dann heißt das im Blick auf die Wahrheit: Sie sind Lügner. Daraus folgt aber zwingend, dass wir auf die Wahrheit nur in entgegengesetzter Gestalt treffen können. Deshalb zeigt sich Gott den Menschen nicht in seiner Wahrheit, sondern eben nur in seiner Torheit, Menschheit und Schwachheit. Das Wahre und Gute liegt für uns *unter der Hülle seines genauen Gegenteils verborgen.*

Wir können uns also von der Güte, Weisheit und Gerechtigkeit Gottes nur einen Begriff machen, wenn wir unsere eigenen Begriffe davon durchstreichen und völlig aufgeben. Immer wieder betont die Bibel den Eifer Gottes, ja seine Eifersucht. Dieser Eifer Gottes hat einen Januskopf, nämlich Zorn und Barmherzigkeit. Seine Barmherzigkeit erscheint als Zorn, seine Gerechtigkeit erscheint als Ungerechtigkeit. Wie Luther definiert: Gott ist *das nur negativ aussagbare Sein.* Wenn Gott sich also bei uns meldet, dann zerstört er unsere Wünsche, dann entwurzelt er unseren Sinn, dann durchkreuzt er unsere Pläne. Er ärgert uns zu Tode, weil wir ihn nicht erkennen wollen. In typisch Lutherscher Drastik heißt es in den Tischreden: Weil wir ihn in seiner Herrlichkeit nicht sehen wollen, müssen wir *ihn in Schande erkennen und ihm in den Hintern sehen.*

JESUS CHRISTUS GENÜGT

Der Literaturwissenschaftler Harald Weinrich hat einmal gesagt: „Das Christentum ist eine Erzählgemeinschaft." Würde das zutreffen, dann würde es für einen Christen genügen, auf die Geschichten von und über Christus zu hören und ihnen zu folgen. Das klingt zunächst durchaus plausibel. Denn in einem entscheidenden Punkt ist das Erzählen dem Erklären überlegen: Sinnfragen lassen sich nicht mit Informationen beantworten. Aber eine gute Geschichte stiftet Sinn. Und die faszinierendste Geschichte, die wir kennen, ist die von Jesus Christus. Nun muss man allerdings zugeben, dass die Erzählbarkeit der heiligen Geschichten um so geringer wird, je mehr wir uns dem Gekreuzigten nähern. Wie gut sich noch im Alten Testament erzählen lässt, hat Thomas Mann mit seinem monumentalen Joseph-Roman und seiner Novelle über das Gesetz eindrucksvoll deutlich gemacht. Im Neuen Testament finden sich immerhin noch die Geschichten vom Leben Jesu. Doch die Passion des Gekreuzigten entzieht sich fast schon der Erzählbarkeit. Der protestantische Theologe Martin Kähler hat die Evangelien einmal Passionsgeschichten mit ausführlicher Einleitung genannt.

Heißt das aber, dass die Erzählgemeinschaft Christentum hier, wo es um alles geht, nämlich um Gottes Tod und Auferstehung, nichts mehr verstehen kann? Brauchen wir hier nun doch die Spezialisten, die Priester, die Theologen, die uns sagen, was es mit den Paradoxien der Passion auf sich hat? Wie schon Paulus kehrt auch Luther die Fragerichtung entschlossen um und ermutigt die Laien: Die Schrift ist klar! Lasst euch weder von den Klerikern noch von den Wissenschaftlern einschüchtern! Alle Geschichten des Alten Testaments und auch die Geschichten vom Leben Jesu bekommen ihr Licht erst vom Kreuz her. Zugegeben, es gibt dunkle, schwer verständliche Stellen in der Bibel. Aber die Lösung jedes Rätsels lautet: Jesus Christus.

Die Wissenschaftler haben eine Kunst und Technik des Verstehens und der Textauslegung entwickelt, die sie Hermeneutik nennen. Hier waren die Theologen führend. Und seither stellt sich für den Christen die Frage, ob er, wie Goethes Faust, „leider auch Theologie" studieren muss, um zu verstehen, was Gott ihm zugesprochen hat. Die radikale Antwort, die Luther auf diese Frage gibt, klingt heute, da niemand mehr zu wissen scheint, was Gott ist, noch aktueller als vor 500 Jahren. Wir brauchen nur den Lektüreschlüssel Christus. Man kann nicht auf eigene Faust Gott näher kommen. Es gibt nur einen Zugang zu ihm: seinen Sohn.

Zugang zu Gott gibt es also nur über die Menschwerdung Gottes, nicht über seine Majestät. Christus ist das wahre Bild von Gott. Im griechischen Original des 2. Briefs an die Korinther 4,4 steht hier das Wort εἰκών (eikon), das Luther mit Ebenbild übersetzt. Gemeint ist Christus als Spiegelbild des gnädigen Vatergottes. Außer in diesem Bild zeigt sich uns Gott eben nur als zorniger Richter. Deshalb setzt Luther Christus, den menschlichen Gott, an die Stelle des majestätischen Gottes. Über Gottes Majestät zu spekulieren oder Gott außerhalb von Jesus zu suchen, ist für Luther schlicht Teufelszeug. Um es ganz einfach zu sagen: Gott selbst ist zu hoch für uns. Wir müssen uns an seinen Sohn halten.

Der christliche Gott der Liebe ist für die Menschen also nur erfahrbar in Jesus Christus. Deshalb verstehen Paulus und Luther diesen Christus nicht als Lehrer und Vorbild, sondern als Ebenbild Gottes. Und Ebenbild heißt: Beziehung zu Gott. Nach Genesis 1,27 schuf Gott den Menschen zu seinem Bilde. Adam ist also das Ebenbild Gottes. Er wird von ihm angesprochen und beauftragt, die Erde zu bebauen und zu bewahren (Genesis 2,15). Hier hätte sich Adam als das Gegenüber Gottes bewähren können, indem er auf den Auftrag antwortet, also gehorsam Verantwortung übernimmt. Doch bekanntlich verspielt der Mensch seine Ebenbildlichkeit durch den Sündenfall. Schließlich schickt Gott Christus, seinen Sohn, als zweiten Adam in die Welt. Er ist das wahre Bild von Gott. Das bedeutet aber: Christus ist selbst nur seine Beziehung zum Vatergott.

Dadurch hat sich das Verhältnis von Mensch und Gott total verändert. Eine einfache Beziehung, eine Relation besteht ja zwischen zwei Relata. Das gilt aber nicht für das Verhältnis, das in der Bibel Gottesebenbildlichkeit heißt. Indem er ein Bild von sich schafft, wird Gott nicht relativ. In der Relation Gott-Mensch ist nur der Mensch ein Relatum. Gott dagegen ist ein Absolutum. Genau das ändert sich aber durch den Mittler. Wenn ich an Christus glaube, tritt er zwischen mich und Gott. Durch Jesus Christus ist Gott nun auf beiden Seiten des Verhältnisses – nämlich einmal als Allmacht und einmal als Ohnmacht.

Gott selbst ist uns nur als der unbekannte Gott bekannt. Aber Jesus ist ja ganz wesentlich seine Beziehung zu Gottvater. Also wissen wir zwar nichts von Gott. Er ist der deus absconditus, der verborgene Gott, der Gott, der sich entzieht. Aber wir wissen durch Christus, dass wir ihn unseren Vater nennen dürfen. So lehrt es Jesus im Vaterunser. Und Paulus schreibt im Römerbrief 8,15: Weil wir Gottes Kinder sind, dürfen wir ihn wie Jesus anrufen „Abba, lieber Vater!" Für Luther ist dieser kindliche Geist des Gebets unendlich viel stärker als die raffinierteste Spekulation über Gottes Majestät. Der Gottesbegriff der Philosophen sagt ihm gar nichts. Aber dass wir Gott Vater nennen dürfen, sagt ihm genug.

Die wichtigste Lektion Luthers lautet also: Jesus Christus genügt. Mehr muss man von Gott nicht wissen. Es ist kein Problem, dass er der deus absconditus, der verborgene Gott bleibt. Luther nimmt uns also gerade die Angst vor dem verborgenen Gott und seinen unerforschlichen Ratschlüssen. In der Schrift vom unfreien Willen heißt es dazu in aller Deutlichkeit: *Insofern Gott sich in Dunkel hüllt und nicht von uns erkannt werden will, geht er uns nichts an.* Wir müssen uns nur an das Wort halten, das er uns gegeben hat. Auch hier gilt: Im Anfang war das Wort. Wir können den ganzen Zusammenhang so formulieren: Zugang zu Gott gibt es nur durch seinen Sohn Jesus Christus, und Zugang zu Christus gibt es nur durch das Wort. Luther unterscheidet also zwischen dem Wort Gottes und Gott selbst. Dadurch wird die Sache des Glaubens für den Christen sehr viel klarer. Wir sollen uns nach dem gepredigten Gott und seinem Wort richten und dürfen den verborgenen Gott und seinen unerforschlichen Willen getrost ignorieren.

Einen transzendenten Gott kann man nicht lieben. Aber durch Christus, seinen Sohn, wird Gott menschengestaltig und kann geliebt werden. Man kann es auch so sagen: In Christus zeigt sich Gott als der, dem ich unbedingt vertrauen kann. So holt Luther die Gottesliebe herunter auf die Erde. Wir werden uns gleich noch ausführlicher der Frage widmen, was mit dem Ausdruck „Reich Gottes" gemeint sein könnte. Hier können wir aber schon eine erste Bestimmung geben: Christus ist das Gottesreich als Person. Damit markiert er die Grenze „dieser Welt". Und so wie Christus das Reich Gottes als Person ist, so ist es auch zu verstehen, wenn er sagt, er sei die Wahrheit. Die christliche Wahrheit ist nämlich kein Wissen, sondern ein Sein.

Das führt uns zurück zu Harald Weinrichs These, das Christentum sei eine Erzählgemeinschaft. Denn man möchte natürlich von diesem Sein der Wahrheit in Christus mehr wissen. Nun erzählen die

Evangelien ja einiges vom Leben Jesu – Jesus als Lehrer, Jesus als Vorbild, ja Jesus als Magier. Das ist erbaulich, und man kann bis zum heutigen Tag immer wieder auf Nacherzählungen des Leben Jesu stoßen – etwa die schönen Jesus-Bücher von Benedikt XVI. Um so härter ist dann aber die Zumutung für das christliche Gemüt, auf all das verzichten zu sollen. Für diese Zumutung steht Paulus. In seinen Briefen macht er aus Jesus Christus. Es geht ihm nämlich nicht mehr um den großen Lehrer Jesus, sondern nur noch um die Geschichte seines Todes. Rudolf Bultmann hat diese Einstellung dann in aller Radikalität formuliert: „wie es in Jesu Herzen ausgesehen hat, weiß ich nicht und will ich nicht wissen."

Paulus hat Jesus nicht gekannt und musste ihn auch nicht kennen. Er richtet seinen Blick nur auf das Kreuz und sieht dort alles, was er für seine Lehre braucht. Um das zu verstehen, muss man sich immer wieder klar machen, dass der Tod am Kreuz damals die schändlichste Form des Todes war. Wir haben in der Golgatha-Szene also einmal die Hoffnung auf den Messias, aber zum andern die Enttäuschung durch seinen jammervollen Tod. Das Kreuz, das ist der Galgen, der schmählichste Tod. Und bis zu diesem Kreuzestod haben die Jünger Jesu noch ganz jüdisch an den Messias geglaubt. Nach diesem Tod trotzdem noch daran zu glauben, dass Jesus der Messias ist, war für die Griechen eine Torheit. Ein Gott, der stirbt! Und für die Juden, die ja auf den Messias warten, war es ein Ärgernis. Ein Messias, der scheitert! Und genau hier setzt nun Paulus an. Er wertet die antiken Werte um, indem er das Kreuz umwertet. Die Ironie der Torheit des Kreuzes liegt eben darin, dass der wie ein Verbrecher schmählich Gekreuzigte der König Israels ist.

Der Sohn Gottes stirbt wie ein Verbrecher. Aber wir wissen ja, dass er unschuldig ist. Und das bedeutet, dass der Messias als unschuldiges Opfer, das heißt als Sündenbock stirbt. Es gibt im Alten Testament keine Geschichte, die verstörender wäre als die vom Befehl Gottes an Abraham, seinen Sohn Isaak zu opfern. Für die Aufklärung war diese Geschichte der Skandal des Religiösen schlechthin. Rückblickend von der Passionsgeschichte im Neuen Testament erscheint die Isaak-Episode aber in einem anderen Licht. Gott hat das Opfer von Abrahams Sohn dann doch nicht gewollt, denn er wollte das Opfer des eigenen Sohnes. Opfer für Opfer. Erst Isaak, dann an seiner Stelle der Widder. Und dann das Lamm, Jesus, das endgültige Opfer. Das Lamm Gottes ist der Sündenbock als unschuldiges Opfer. Der Sündenbock wird weggeschickt in die Wüste. Die Opferziege wird in die Wildnis vertrieben, wohin sie die Schuld der Menschen mit sich nehmen soll. Und genau so nimmt das Lamm Gottes die Sünden der Welt hinweg. Das ist jedenfalls die Formulierung der Einheitsübersetzung von Johannes 1,29. Bei Luther heißt es, dass Jesus, das Gotteslamm, der Welt Sünde trägt.

Die Passionsgeschichte offenbart also den Sündenbockmechanismus. Das hat René Girard in zahlreichen Untersuchungen überzeugend zeigen können. Die Passionsgeschichte ist die Geschichte vom grundlosen Hass gegen ein unschuldiges Opfer. Und Jesus wusste, dass dieser grundlose Hass aus dem kollektiven Unbewussten aufsteigt. So heißt es bei Lukas 23,34: Sie wissen nicht, was sie tun. Mit dieser Enthüllung überbietet das Christentum jede Aufklärung. Oder besser gesagt: Das Christentum ist selbst schon Aufklärung, und zwar als Religion. Christus ist das versöhnende Opfer, das den Kreislauf der Gewalt beendet. Man könnte auch sagen, im Kreuz Christi sind alle Opfer erfüllt. Das Abendmahl ist deshalb kein Opfer mehr, sondern eben Testament und Sakrament. In der Passion geschieht das Unrecht schlechthin. Aber die gerade zitierte Lukas-Stelle beginnt ja mit: Vater, vergib ihnen. Damit ist ausgesprochen, dass im Christentum die Vergebung den Sündenbock endgültig ersetzt.

In Platons Politeia gibt es eine Stelle (361e), wo Glaukon dem Sokrates erläutert, wie die Ungerechten mit dem Gerechten verfahren. Er wird gefesselt, gefoltert, geblendet und schließlich gekreuzigt – das griechische Wort ἀνασχινδυλεύω (anaschindyleuo) heißt aufspießen, kreuzigen. Im spätesten Buch des Alten Testament, der Weisheit Salomos, findet sich eine verblüffend ähnliche Stelle (2,10ff), wo die Frevler sich darüber aussprechen, wie sie mit dem Gerechten verfahren wollen. Sie werden ihm auflauern, ihn unterdrücken und ihn schließlich einem ehrlosen Tod überantworten. Warum sie das tun, ist klar: Der Gerechte steht den Frevlern im Weg, er ist für sie ein lebendiger Vorwurf, denn er führt ein Leben, das dem der anderen nicht gleicht. Und wenn der Gerechte, wie er behauptet, der Sohn Gottes ist, dann kann ihn Gott ja der Hand der Frevler entreißen.

Es bedarf keiner hermeneutischen Kunst, um zu sehen, dass Platons Glaukon, Salomos Weisheit und die Passionsgeschichte über das Schicksal des Gerechten in der Welt dasselbe sagen. Doch wie geht es weiter? Der Sohn Gottes war in der Passion ohne Vater. Die verzweifelte Frage am Kreuz lautet ja: Warum hast du mich verlassen? Diese Frage bleibt in der Passionsgeschichte ohne Antwort, doch Paulus hat die Antwort gefunden. Gott verbirgt sich in der Weltgeschichte, die sich in der Passion Christi zuspitzt. Deshalb muss man die Einheit von Leiden und Gott erkennen. Christus ist ja ein Mann, der nicht das Schwert führt, sondern am Kreuz hängt. Er siegt, indem er unterliegt, er herrscht durch Kraftlosigkeit. Christus ist also die Fleisch gewordene Paradoxie. Die Passionsgeschichte hat dem Messias die Aura, den Glanz des Majestätischen genommen. Und seither kommt das Heil aus der Hinfälligkeit.

Es gibt keinen schärferen Kontrast zur katholischen Theologie der Herrlichkeit als Luthers Theologie des Kreuzes. Wie schon für Paulus und Augustinus gilt eben auch für Luther: Leiden, Tod und Kreuz bilden das Zentrum des Christentums. Und wenn man die Dinge so sieht, kann man die Geschichte des Christentums als einen Prozess der Kristallisation um das Kreuz begreifen. Im Zeichen des Kreuzes verstehe ich mein Leben anders, nämlich als Sein im Leiden. Das Leiden öffnet die Augen. Es erschließt die Wirklichkeit in ihrer Tiefe. Der Passion Christi entspricht deshalb die Passivität des Christen. Sie ist keine Schwäche, sondern eine Stärke.

Das klingt in modernen Ohren natürlich provozierend. Und tatsächlich mutet uns Luther hier eine Art Nachahmung Christi zu, wenn er das Recht eines Christenmenschen im Erleiden des Unrechts aufgehen lässt. Sein Lob der Passivität ist die lebenspraktische Umsetzung der Passion Christi: wehre dich nicht, räche dich nicht! *Leiden, Leiden, Kreuz, Kreuz ist der Christen Recht, das und kein anderes.* Dass der Christ als Christ nicht zum Schwert greifen soll, heißt natürlich nicht, dass er sich als Mensch in dieser Welt alles bieten lassen soll. Um das besser zu verstehen, muss man sich Luthers Kritik der Werkheiligkeit, also des Geltungsbedürfnisses derjenigen, die durch gute Werke Gottes Gnade erwerben wollen, genauer anschauen. Und man muss auch sein Lob der Passivität gründlich durchdenken. Dann versteht man, warum er den Heilsakzent nicht auf das tätige sondern auf *das leidende Leben* legt. In seiner Schrift von 1525 über die sieben Bußpsalmen heißt es: *Weinen gehet vor Wirken, und Leiden übertrifft alles Tun.* Wer den Leiden, die alle Verdienste und guten Werke zunichte machen, standhält, findet den Weg zu Gott. Luther fordert mich also auf, mein eigenes Elend als das Kreuz zu begreifen, das ich auf mich nehmen soll, um meinen Glauben zu üben.

Die Schwierigkeit an Gott zu glauben

Die größte Tat des Menschen besteht für Luther darin zu glauben. Der Glaube ist das *Hauptwerk*. Luther geht also gerade davon aus, dass der Glaube eine schwierige Sache ist und mühsam gelernt werden muss. Das heißt aber: er muss geübt werden. Wenn ich im Vorwort gesagt habe, dass Luthers Lehre ein Glaube für Erwachsene ist, so besagt das eben auch, dass man nur in der lebenslangen Übung im Glauben, in der Arbeit am Wort Gottes erwachsen wird.

Luther lässt also keinen Zweifel daran, dass es sehr schwierig ist, an Gott zu glauben. Denn mit dem Glauben daran, dass es einen Gott gibt, ist es nicht getan. Ich muss auch glauben, dass er für mich da ist und mich belohnt. So unterscheidet Luther in der Vorlesung über den Hebräerbrief von 1517 zwischen dem *Glauben von Gott* und dem *Glauben an Gott*. Dieser Glaube an Gott liegt nicht in der Natur des Menschen, sondern ist ein Geschenk Gottes. Von Natur aus sind wir allenfalls schwach im Glauben. Und wir können nur beten, dass Gott uns hilft, unseren Glauben zu stärken. Glaubenstraining ist deshalb eines der wichtigsten Motive bei Luther: die tägliche Übung des gebrechlichen Glaubens. Diese Unterscheidung des Glaubens von Gott vom Glauben an Gott hat aber noch eine andere, für Luther ganz typische Konsequenz: Viele, die glauben zu glauben – im Sinne des Glaubens von Gott –, glauben eigentlich gar nicht. Und andere, die einen schwachen, gebrechlichen Glauben am Rande der Verzweiflung haben, sind dem Glauben an Gott am nächsten.

Der Glaube muss also täglich und lebenslang geübt werden. *Denn mit dem Glauben an die Vergebung der Sünden ist es genauso, als wenn jemand mit einem geladenen Gewehr auf dich zielte und jetzt auf dich abdrücken wollte, und du solltest dennoch glauben und sagen, es sei nichts. Diese Kunst kann ich noch nicht, sondern lerne noch immerdar daran.* Wir können uns also mit Luther selbst trösten, wenn wir immer wieder die Erfahrung machen, dass wir nur einen schwachen Glauben haben, dem geholfen werden muss. Jeder Christ ist schwach im Glauben und muss ihn üben. Markus 9,14ff, erzählt die Geschichte von dem Vater, dessen Sohn von einem unreinen Geist besessen ist und der Jesus um Hilfe bittet. Da er diese Bitte nur verzagt vorbringt, ermahnt ihn Jesus mit dem Satz, dem, der glaube, seien alle Dinge möglich. Und darauf antwortet der Vater mit dem Ruf, in den alle Christen einstimmen können: Ich glaube. Hilf meinem Unglauben. Das heißt aber, damit ich an Gott glauben kann, muss er mir den Glauben schenken. Sören Kierkegaard hat das so formuliert: „ich hoffe zu Gott, dass ich ein Christ bin".

Dass es sehr schwierig ist, an Gott zu glauben, kann man sich bis auf den heutigen Tag an der so genannten Theodizeefrage deutlich machen. Warum gibt es das Böse in der Welt, wenn Gott sie doch gut gemacht hat und wenn Gott allmächtig ist? In der christlichen Lehre gibt es noch eine zweite Frage, die heute zwar kaum noch nachvollziehbar ist, aber für das Seelenleben der Christen im Mittelalter und der frühen Neuzeit, vor allem natürlich für die Calvinisten, von größter Bedeutung war. Warum sind einige wenige erwählt, die meisten aber verdammt? Das ist die Frage der Prädestination.

Wenn man diese Frage richtig versteht, hat sie aber auch heute noch einen guten Sinn. Dass, wie ja Jesus selbst sagt, nur wenige auserwählt sind, bedeutet nämlich nicht, dass das Heil knapp wäre. Es schließt nur eine „Verkündigung für Jedermann" aus. Der christliche Glaube ist anti-soziologisch, denn im Leben des Gläubigen gibt es kein Rollenspiel. Er ist anti-ethisch, denn das jüngste Gericht ist nicht gerecht; es wird nicht moralisch geurteilt. Vor allem aber: Der christliche Glaube ist anti-biologisch. Die Lebensführung des Gläubigen eröffnet eine Anti-Darwin-Welt, in der Mitleid die Herrschaft der natürlichen Zuchtwahl bricht. Sie kultiviert die Sensibilität für das Leiden am Kampf ums Dasein, für das Leiden an den Aggressionen von Rivalität und Selbsterhaltung.

Angesichts der Probleme von Theodizee und Prädestination dennoch an den gnädigen Gott zu glauben, ist sehr schwierig. Aber es gilt eben auch umgekehrt, dass nur der Glaube mit diesen Fragen umgehen kann. Der Mediävist Kurt Flasch hat das auf die scharfe Formel gebracht: „,Glaube' ist das Auffangen der Gottesabsurdität." Und das entspricht durchaus Luthers Selbstverständnis. Für ihn ist der Glaube identisch mit Glaubensgewissheit, also mit der gewissen Zuversicht, einen gnädigen Gott zu haben.

Christlich ist der Glaube, dass nur der Glaube erlöst. Descartes' berühmtem Motto der Neuzeit: Ich denke, also bin ich, setzt der Christ nämlich entgegen: Ich glaube, also bin ich erlöst. Diese Gewissheit spricht sich im Amen aus, mit dem wir unser Gebet beschließen. Mit dem hebräischen Wort Amen eigne ich mir das im

Gebet Gesagte persönlich an. Ich mache mich fest in Gott. Das Amen spricht aus, dass im Glauben jeder Zweifel ausgelöscht ist. Die Wahrheit Gottes ist mir absolut gewiss.

Absolute Gewissheit verschafft mir das Wort, das mir die Vergebung meiner Sünden zusagt. Ich muss es nur noch glauben. Zugang zur Wahrheit der Offenbarung hat eben nur der, der sie annimmt. Hier sieht man sehr deutlich, dass glauben eben vor allen Dingen auch heißt: nicht zweifeln. Und das bedeutet umgekehrt, dass wir im Zweifel die intellektuelle Entsprechung zur Sünde erkennen müssen. Wie schwierig das ist, zeigt sich einmal daran, dass das Zweifeln für das neuzeitliche Denken ja gerade die Methode war, sich unbezweifelbare Gewissheit zu verschaffen. Man denke nur an Descartes. Zum andern spüren die meisten Menschen in unserer Gesellschaft ein Unbehagen, wenn man sie auffordert, sich zu dem Glauben, in dessen Gemeinschaft sie zufällig hineingeboren und hineingetauft wurden, auch offen zu bekennen. Deshalb sagt Luther zurecht: *Bekennen ist ein groß Ding*. Es überwindet jeden Zweifel.

Der Christ steht also am Gegenpol des Skeptikers. Hartnäckig vertritt er seine feste Meinung. Er ist orthodox. Indem er seinen Glauben bekennt, ist er seiner Sache absolut gewiss. So heißt es in der Schrift vom unfreien Willen: *Nimm die sicheren Gewissheiten weg, und Du hast das Christentum weggenommen*. Damit aber das Gewissen seiner Sache ganz gewiss sein kann und alle Zweifel ausgetrieben sind, darf der Christ gar keinen freien Willen in Sachen des Heils haben. Denn wenn ich selbst etwas beitragen könnte zu meinem Seelenheil, wäre ich immer im Ungewissen, ob ich denn auch genug getan hätte. Das ist nämlich die Falle der Werkheiligkeit, aus der uns Luther befreien will.

Werkheiligkeit ist ein Begriff, der natürlich erläuterungsbedürftig ist. Ich verschiebe das auf später, weil wir erst noch den Zusammenhang von Rechtfertigung, Glaube und Werk erarbeiten müssen. Einstweilen mag genügen, dass es beim Begriff der Werkheiligkeit um die Illusion geht, man könne durch Gott wohlgefällige Leistungen die Gnade Gottes erreichen. Für Luther ist das der Irrweg schlechthin. Die Gebote zu übertreten, ist schlimm. Viel schlimmer aber ist es, zu glauben, durch Erfüllung der Gebote könne man das Heil erwerben. Die Gnade Gottes ist nicht die Belohnung einer Leistung, sondern ein unverdientes Geschenk. Gott hat mir die Vergebung meiner Sünden zugesagt. Daran nicht zu zweifeln heißt eben glauben. Das „dein Wille geschehe", das Ja-und-Amen-Sagen zum Wort Gottes befreit von allem Zweifel und macht das Gewissen gewiss, sicher, mutig und fröhlich. Indem ich mich ganz und gar auf Gott verlasse, muss ich weder Tod noch Teufel fürchten.

Im Gegensatz zur antiken Philosophie geht die christliche Theologie davon aus, dass das, was wirklich wichtig ist, nicht erkannt, sondern nur *erglaubt* werden kann. Denn was ist wirklich wichtig? Auch diejenigen, die mit Begriffen wie Seelenheil und Gnade nichts mehr anfangen können, werden zugeben, dass das wirklich Wichtige nichts Materielles sein kann. Nicht umsonst charakterisieren Soziologen die moderne westliche Wohlstandsgesellschaft dadurch, dass sie sich zunehmend an „postmateriellen" Werten orientiert. Was wirklich wichtig ist, ist also unsichtbar. Und der Glaube ist das Organ für das Unsichtbare.

Mein Konfirmationsspruch war Matthäus 5,8: Selig sind, die reinen Herzens sind; denn sie werden Gott schauen. Nur das reine Herz kann an die unsichtbaren Dinge glauben. Und der Glaube reinigt das Herz. Was Paulus mit καρδία (kardia) und Luther mit Herz meinen, kann man sich am besten klarmachen, wenn man sich überlegt, wann heute noch in einem nicht medizinischen Zusammenhang von Herz die Rede ist. Sentimentale Lieder stellen ja nach wie vor einen Zusammenhang zwischen Herz, Schmerz und Liebe her. Daraus können wir schließen, dass das reine Herz der Gegenbegriff zu Begehren ist. Und dieser Gegensatz entspricht genau dem zwischen Glauben und Selbstbehauptung. Das medizinisch gesunde Herz wäre durchaus eine passende Metapher für die erfolgreiche Selbstbehauptung des neuzeitlichen Menschen. Aber nur das reine Herz wird das Heil sehen, nämlich die Ganzheit des Lebens, die man nicht leisten kann. Die Erlösung ist vor allen Dingen auch Erlösung von der Selbstbehauptung.

Das Heil kommt von außen. Das bedeutet aber, dass der Glaube eine fremde Unweltlichkeit ins Leben bringt. Im Glauben geht es um die Erfahrung der Außeralltäglichkeit. Er ist also etwas Fremdes. Und wie sehr der Glaube befremdet, erfährt der Ungläubige ja immer dann, wenn er auf jemanden trifft, der seinen Glauben bekennt. Doch was für den Ungläubigen befremdlich klingt, ist für den Frommen das Fremde, in das er sich rettet. Deshalb spricht Kierkegaard vom Sprung des Glaubens. Ich muss aus mir heraus in den Glauben. Doch damit bin ich ein anderer Mensch geworden. Denn der Glaube gründet mich neu, und zwar außerhalb meiner selbst. Für Rudolf Bultmann ist deshalb „der Glaube der archimedische Punkt, von dem aus die Welt aus den Angeln gehoben" wird. Aber er ist eben auch durch nichts zu garantieren. Der Glaube ist gehorsames

Hören auf das Wort Gottes. Und dieses Wort kann sich nur selbst legitimieren. Es ist tatsächlich, wie Luther sagt, nackt.

In den Noten und Abhandlungen zum besseren Verständnis des west-östlichen Divans schreibt Goethe im Abschnitt über Israel in der Wüste: „Das eigentliche, einzige und tiefste Thema der Welt- und Menschengeschichte, dem alle übrigen untergeordnet sind, bleibt der Konflikt des Unglaubens und Glaubens." Für den frommen Christen ist der Frontverlauf klar. Die Gläubigen bekennen ihren Glauben, die Ungläubigen sind die Sklaven ihres Aberglaubens. Für Luther ist es ganz selbstverständlich, dass derjenige, der keine Religion besitzt, einen Aberglauben haben muss. Das hat aber eine bedeutsame Konsequenz. Das Christentum ist kein Glaubensangebot, das man so ohne weiteres annehmen könnte. Damit die Menschen an Christus glauben, muss man ihnen viel Glauben nehmen. Luther ist auch ein geistlicher Abbruchunternehmer.

Der protestantische Theologe Karl Barth ist dann so weit gegangen, den christlichen Glauben scharf von Religion zu unterscheiden. Denn Religion ist für ihn nur eine natürliche Möglichkeit des Menschen, in der aber für die tiefe „Beunruhigung" durch das Christusgeschehen kein Platz ist. Zu versuchen, aus dem Christentum eine Religion zu machen, ist deshalb für Barth „Verrat an Christus". Deshalb konnte er in dieser geistlichen Abbrucharbeit sogar an die moderne Religionskritik und den Atheismus anknüpfen.

Der Konflikt des Unglaubens und Glaubens geht aber auch mitten durch die Seele des Menschen hindurch. Jeder Christ bekämpft sein Leben lang in sich den Unglauben. Wenn das Christentum das menschliche Dasein als Sünde versteht, dann ist damit eben das Leben im Medium des Unglaubens gemeint. Aus diesem Unglauben müssen wir uns immer wieder herausarbeiten. Und dazu brauchen wir Gottes Hilfe. Konkret hilft hier die Kirche, die Luthers Rede von der Fremdheit des Glaubens noch einen weiteren Sinn gibt. Wenn dir selbst der Glaube fehlt, dann kannst du dich immer noch auf den Glauben der Kirche verlassen. Dieser fremde Glaube wird dich retten wie die Taufe das kleine Kind.

In der Taufe auf den fremden Glauben, im Kampf gegen den Unglauben in der eigenen Seele und in der Übung des glaubenden Fragens nach dem Sein zu Gott wird deutlich: Der Glaube ist das Sein des Menschen. An Christus glauben heißt wiedergeboren werden. Und so können wir von einer Menschwerdung des Menschen im Glauben sprechen. Man kann den christlichen Glauben also nicht als eine Art Besitz haben, auf den man stolz ist. Nicht du hast den Glauben, sondern der Glaube hat dich. Lebendig ist der Glaube nur dann, wenn wir ganz und gar in ihm stecken.

Was damit gemeint ist, wird in einer Predigt zur Osternacht besonders deutlich, und zwar gerade an einer der schwierigsten dogmatischen Stellen: der Auferstehung von den Toten. Wer getauft ist und an die Geschichte von Christus glaubt, dessen Seele ist schon auferstanden. Nach Luthers rigoroser Rechnung haben wir damit schon mehr als die Hälfte der Auferstehung sicher. Und dann folgt der erstaunliche Nachsatz: *so dass die leibliche Auferstehung des Fleisches aus dem Grabe im Vergleich dazu gering zu rechnen ist.* Wir müssen eigentlich gar nicht mehr warten und harren. Mit der Auferstehung Christi ist nämlich das Entscheidende bereits geschehen. Das bedeutet aber, dass wir uns weder um die Geschichte Jesu und die Geschichte des Volks Israel kümmern, noch auf das Kommen des Reichs Gottes warten müssen.

Man muss die Frage nach dem Wesen des Menschen von der Frage nach dem Menschen unterscheiden. Auf die Frage nach dem Menschen antwortet die Anthropologie. Auf die Frage nach dem Wesen des Menschen antwortet die Theologie. Luthers Lehre ist das eigentliche Studium des Menschen. Denn wir haben ja gerade gesehen, dass der Mensch erst im christlichen Glauben zum Menschen wird. Dieser Glaube ist sein Sein. Der Fromme wird deshalb nicht sagen, dass er den Glauben besitzt. Er wird vielmehr sagen, dass er ganz und gar in diesem Glauben steckt. Das bedeutet aber auch, dass die christliche Wahrheit existentiell angeeignet werden muss, nicht durch reines Denken.

Das klingt komplizierter als es ist. Machen wir uns das Problem an der Taufe deutlich. Wer getauft ist, ist Christ. Gerade deshalb aber kann er leicht vergessen, dass es darum geht, Christ zu werden. Diese Aufgabe hat Sören Kierkegaard Aneignung genannt. Und von Luthers Schriften sagt er, man merke „in jeder Zeile den starken Pulsschlag der Aneignung". Diese Aneignung ist Glaubensgehorsam, der aber nichts mit Rechtsgehorsam zu tun hat. Thesenhaft gesagt: Luthers Lehre entzaubert die theologische Spekulation und verwandelt sie in eine Existenzfrage.

Man könnte das die kopernikanische Wende zur Innerlichkeit nennen. Denn so wie durch die Forschungen des Kopernikus die Erde aus dem Mittelpunkt der Welt verschwindet, so wird durch Luthers Lehre der Kosmos insgesamt unwichtig für das Heil. Der Luthersche Christ ist einsam, einzeln und innerlich. Jeder glaubt auf eigene Gefahr. Das Kreuz kann man nicht sozialisieren. Jeder muss das seine auf sich nehmen. Doch das bedeutet eben auch, dass durch Luther der Christ überhaupt erst religiös autonom wird. Und wir können heute sagen, dass es moderne Individualität überhaupt nicht geben würde, wenn sich die Gläubigen nicht den Gestus der Zurückweisung angeeignet hätten: Mein Reich ist nicht von dieser Welt. Johannes 18, 36 überliefert diesen Satz ja als Antwort Jesu auf die Frage des Pilatus, was er getan habe. Indem sich der Christ diesen Satz aneignet, vollzieht er die kopernikanische Wende zur Innerlichkeit.

Dieser Begriff hat in der Moderne viel Spott und scharfe Bezichtigungen auf sich gezogen. Gerade die Deutschen haben ihrer Lutherschen Innerlichkeit bereitwillig die Schuld an ihrem politischen Versagen gegeben. Und doch ist Innerlichkeit für unser Problemfeld der richtige Name. Sie ist das Resultat einer langen Arbeit an Gott, deren erste Etappen Thomas Mann in seinem Josephsroman so großartig geschildert hat. Frömmigkeit entsteht hier aus einem Prozess der „Verinnigung", die aber nicht „Verengung" im Sinne von Weltausschließung bedeutet. „Frömmigkeit ist eine Verinnigung der Welt zur Geschichte des Ich und seines Heils, und ohne die bis zur Anstößigkeit getriebene Überzeugung von Gottes besonderer, ja alleiniger Kümmernis um jenes, ohne die Versetzung des Ich und seines Heils in den Mittelpunkt aller Dinge, gibt es Frömmigkeit nicht".

Wohlgemerkt, mein Ich steht nur deshalb im Mittelpunkt aller Dinge, weil Gott sich um mein Seelenheil kümmert. Nicht der Mensch steht im Mittelpunkt, sondern mein Seelenheil. Und wie wichtig ich bin, wird nur deutlich im Dienst an Gott. Was mich zum Individuum macht, ist mein Sündenbewusstsein. Luther spitzt das dann zu einer Theologie des Ereignisses zu: Gott hat mich (!) geschaffen und mich (!) erlöst. Die individuelle Erfahrung des lebendigen Gottes ist Luthers religiöse Urszene. Wir haben ja schon betont, dass das Heil von außen kommen muss. Und wir können jetzt sehen, dass gerade die Innerlichkeit das „vor Gott" als ein „von außen" ermöglicht.

Zum Prozess der „Verinnigung" muss aber noch ein entscheidendes Moment hinzutreten, damit sich die protestantische Innerlichkeit ausbilden kann. Es ist das, was im Griechischen μετάνοια (metanoia) heißt. Wir können das mit Sinnesänderung, aber auch mit Buße übersetzen. Es geht um eine Bekehrung, um die Umkehr, die den Menschen überhaupt erst zum Einzelnen macht. Man kann sich die Bedeutung eines Begriffes ja am leichtesten klar machen, wenn man seinen Gegenbegriff sucht. Und der Gegenbegriff zur Metanoia ist der Eigensinn, der nicht umdenken und umkehren will. Metanoia dagegen, die Buße, ist die Umkehrbewegung, in der der Mensch überhaupt erst zum Menschen wird. Es ist die Wiedergeburt, die das Leben überhaupt erst lebendig macht.

Reformation heißt eben nicht Revolution. Nicht die Dinge sind defekt, sondern unser Gemüt. Metanoia heißt dann die Achsendrehung, die unsere Sicht auf die Dinge ändert. *Das ist aber die rechte Änderung, um welcher willen Christus gekommen ist: dass ein Mensch inwendig im Herzen anders werde.* Der Begriff Metanoia soll also zum Ausdruck bringen, dass mit der Einsicht in die eigene Unvollkommenheit, mit der Ausbildung des Sündenbewusstseins ein vollkommener Wandel der Gesinnung einhergeht. Ich muss *anders werden und anders handeln,* also ein neuer Mensch werden. Und das ist möglich, weil ich durch den Glauben *ein anderes, neues, reines Herz* bekomme.

Der Glaube ist eine Leidenschaft, und zwar die höchste. Glauben heißt das Leben ändern durch eine leidenschaftliche Entscheidung. Der Glaube verwandelt also den Willen des Menschen. Und diese Willensänderung ist von unüberbietbarer Radikalität. In der Metanoia, dem Gesinnungswandel der Buße, bekommt die Selbsterkenntnis des Menschen nämlich den scharfen Akzent des Selbsthasses. Der von Pascal bekannte Satz, dass das Ich hassenswert sei, findet sich genau so schon bei Luther. In der Buße hasst der alte Adam sich selbst und will *sich selbst verlassen.*

Wo ist das Reich Gottes?

Nicht von dieser Welt – von Jesu Geste der Zurückweisung haben wir ja gerade im Zusammenhang mit der kopernikanischen Wende zur Innerlichkeit gesprochen. Wir müssen jetzt noch einmal auf die Formel zurückkommen, um zu klären, was unter dem Reich Gottes zu verstehen ist. Die Jünger Jesu und die ersten Christen waren ja noch sicher, dass sie selbst die Wiederkunft Christi erleben würden. Diese Naherwartung ist bekanntlich enttäuscht worden. Und nun mussten die Christen Theologen werden, das heißt sie mussten die Naherwartung durch Transzendenz ersetzen. Es war also die Erfahrung der so genannten Parusieverzögerung, die Verzögerung der erneuten Ankunft Christi auf der Erde, die das Christentum zur Unterscheidung von Immanenz und Transzendenz gezwungen hat. Man kann es auch so sagen: Indem das Reich Gottes auf sich warten lässt, entsteht die Welt.

Das klingt wie eine Paradoxie. Die Weltablehnung geht der Welt voraus. Wie ist das zu verstehen? Es war ja die Naherwartung des Gottesreichs, die die Urchristen zur Weltablehnung führte. Und aus dieser christlichen Weltablehnung entsteht dann überhaupt erst die Unterscheidung weltlich / unweltlich. Welt heißt von nun an das, was die Christen ablehnen. Diese Dialektik ist für das Christentum grundlegend. Wenn wir sie positiv formulieren wollen, kommen wir zu dem Begriff des Geistlichen. Was auch immer er im einzelnen besagen mag, in jedem Fall heißt geistlich nicht weltlich. Und umgekehrt heißt weltlich eben: nicht „nicht von dieser Welt". In der Bibel ist Welt die Übersetzung von Kosmos, dem griechischen Wort für die harmonische Ordnung des Ganzen. Nun hat der Kosmos aber ein negatives Vorzeichen bekommen. Wie Nietzsche es scharf, aber genau formuliert: „,Welt' ist ein christliches Schimpfwort."

Welt ist das, was nicht nicht von dieser Welt ist. So viel Dialektik muss sein. Hierin steckt eine Dynamik, die dann für die Entwicklung der Neuzeit von größter Bedeutung geworden ist. Denn gerade die Verweltlichung der Welt vergeistigt den Geist. Ich komme am Ende dieses Buches in dem Kapitel über Luther und die Neuzeit noch einmal ausführlich auf diesen Zusammenhang zurück. An dieser Stelle wollen wir nur überlegen, was das für die Kirche bedeutet. Die Kirche ist ein Reich, das zwar in dieser Welt ist, aber nicht von dieser Welt ist. Man könnte sagen, sie stellt die diplomatische Vertretung Gottes beim Fürsten dieser Welt dar. In der Frage, wie diese diplomatische Vertretung auszusehen habe, scheiden sich aber die Geister. Der Katholizismus setzt auf die strahlende Sichtbarkeit der Kirche. Der Protestantismus setzt auf die unsichtbare Kirche der Innerlichkeit.

Wie die christliche Innerlichkeit mit der Reich-Gottes-Vorstellung verklammert ist, kann man sich am besten an einer Geschichte des Lukasevangeliums 17,20f klar machen. Jesus wird von den Pharisäern gefragt, wann das Reich Gottes kommt. Und Jesus antwortet, dass man das Kommen des Reichs Gottes nicht an äußeren Zeichen erkennen kann. So jedenfalls steht es in der Einheitsübersetzung der Bibel. Im griechischen Original heißt es aber μετὰ παρατηρήσεως (meta paratäräseos), und Luther übersetzt wörtlicher: Das Reich Gottes kommt nicht so, dass man's beobachten kann. Es gibt keine Zuschauer des Gottesreichs. Es kommt nicht zu einem bestimmten Termin. Es ist, wenn wir an Christus glauben, mitten unter uns. Das heißt, Christus ist das Reich Gottes als Person.

Das ist natürlich etwas ganz anderes als das, was die Juden vom Kommen des Messias erwartet haben. Jesus Christus besiegt die Welt, ohne dass es die Ungläubigen merken. Die Gewissheit, dass das Reich Gottes da ist, gibt es also nur für die Gläubigen. Nur wer glaubt, sieht wie Gott handelt. Nur wer glaubt, sieht die neue Welt. Und dass es Gott gibt, erfährt man nur, wenn man ihm dient. Im Christ-Sein ist das Reich Gottes da. Christliche Innerlichkeit besagt also: Das Reich Gottes ist in uns. Es besteht im Glauben, nicht in äußerlichen Dingen. Sein Ort ist das gläubige Herz, das auf das Wort Gottes hört. Wenn wir glauben, sind wir zur Hälfte schon dort, nämlich mit Seele und Geist. *Wenn du nun vom Himmelreich hörst, sollst du nicht allein hinaus gegen Himmel gaffen, sondern hier unten bleiben und es unter den Menschen suchen.*

Wie man den Menschen nicht zum Glauben zwingen kann, kann der Mensch natürlich auch Gott nicht zur Gnade zwingen. Und doch heißt es in einer Predigt Luthers: *Wenn du aber an den Sohn glaubst, so hast du Gott in seiner Verheißung gefangen.* Dieses Äußerste, das der Mensch erreichen kann, erreicht er also gerade durch seine Passivität. Gläubig nimmt er das Geschenk Gottes, nämlich das Wort der Verheißung, an – und dadurch hat er Gott in seiner Verheißung gefangen. Wohlgemerkt, man kann Gott nicht zwingen. Und man kann ihn auch nicht durch irgendwelche Leistungen verpflichten. Aber umgekehrt werde ich gerade durch die Bekundung meiner Hilfsbedürftigkeit Gott wohlgefällig. Gott möchte, dass wir ihm im Gebet unsere Not anzeigen. Wir sollen vor Gott gut betteln lernen. Ja, lernen! Denn Beten ist für Luther eine schwierige Arbeit. Wir sollen dabei nämlich nicht Formeln murmeln, sondern *mit Ernst des Herzens den Worten in gründlicher Andacht, mit Begierde und Glauben Folge tun.*

Das richtige evangelische Leben ist also im Kern passiv. Es besteht im Bitten, das heißt *im Nehmen von Gott.* Gott ist der Geber und ich bin der Nehmer. Wer glaubt, hält die Hände auf und lässt sich geben. Und das Geschenk, die Gabe Gottes an uns, ist eben Jesus Christus. Erst wenn Christus als Geschenk in uns den Grund des Glaubens gelegt hast, können wir uns Christus als Vorbild der guten Werke nehmen. Und Luther lässt keinen Zweifel daran, dass das Geschenk Christus viel wichtiger ist als das Vorbild Christus.

Dass wir erst lernen müssen, vor Gott gut zu betteln, heißt aber auch, dass wir nicht wie Kinder reagieren dürfen, die enttäuscht sind, wenn das Christkind nicht alle Geschenke bringt, die auf dem Wunschzettel standen. Wenn es so aussieht, als ob Gott uns seine Hilfe, um die wir ihn gebeten haben, verweigert, dann handelt es sich nur um einen Aufschub. Man könnte auch sagen: Indem Gott seine Hilfe aufschiebt, prüft er uns, damit sich unser Glaube in dieser Versuchung bewährt. Das Gebet wird dann zur Waffe gegen den Teufel. Wenn wir im Gebet Gott um etwas bitten und bekommen es nicht, heißt das also nicht, dass die Bitte nicht erhört wurde. Denn oft wissen wir gar nicht, was wir bitten, und oft gibt Gott es uns besser, als wir denken. Benedikt XVI. hat deshalb im Gebet den Weg gesehen, „unsere Wünsche zu reinigen, zu korrigieren".

Hat der Christ einen freien Willen?

Wir beten zu Gott, dass sein Wille geschehe. Dass sein Wille geschehe, besagt aber, dass mein Wille zerstört wird. Uns gefällt nämlich nicht, was Gott gefällt, und so stehen sich unser eigener und Gottes Wille immer feindlich gegenüber. An Gottes Willen muss der Mensch seinen eigenen Willen brechen. Mein Wille soll nicht geschehen. Und von allen Einübungen ins Christentum ist diese sicher die schwierigste: *gegen seinen Willen dem ‚Überwillen' zu folgen*. Wenn Gott in uns wirksam ist, lässt er uns also gerade das wollen, was wir eigentlich nicht wollten. Wie es in Luthers früher Vorlesung über den Römerbrief heißt: *gegen den eigenen Willen wollen*. Das ist ein Widerspruch, der – typisch für Luther – ganz positiv gesehen wird. Genau in diesem Sinne soll ja auch das Sündenbewusstsein die Selbstgerechtigkeit besiegen. Und genau in diesem Sinne soll die eigene Weisheit sich der göttlichen Torheit beugen.

Hat der Mensch nun einen freien Willen? Es gibt zwei Schriften von Luther, die uns eine Antwort auf die Frage geben. Die eine Schrift handelt von der Knechtschaft des Willens, die andere von der christlichen Freiheit. Zunächst einmal lässt Luther keinen Zweifel daran, dass wir einen freien Willen haben, nämlich den freien Willen Böses zu tun. Aber das ist natürlich schon ein korrumpierter Wille. So lautet die 13. These der Heidelberger Disputation von 1518: *Freiheit des Willens gibt es nach dem Sündenfall nur noch dem Namen nach und sofern der freie Wille tut, was an ihm ist, begeht er Todsünde*. Seit der Wille seine wahre Freiheit im Sündenfall verloren hat, kann er gar nichts Gutes mehr wollen. Damit hat der Begriff des freien Willens aber seinen eigentlichen Inhalt verloren. Gott hat uns ja tatsächlich einen freien Willen gegeben, aber wir haben ihn zum Eigenwillen pervertiert. Daraus folgt: Wer tut, was er will, ist nicht frei. Auch die Gebote und Verbote des Gesetzes lassen gerade nicht auf einen freien Willen schließen. Es sind Befehle, die uns zeigen, was wir sollen, aber nicht können. Die Welt des Gesetzes ist also die Welt des menschlichen Willens ohne Gnade. Und umgekehrt wird der Mensch, der auf Gottes Willen schaut, *ganz gelassen, frei, willenlos*. Der wahre freie

Wille zeigt sich in dieser Gelassenheit, der Eigenwille dagegen erweist sich als *der rechte Hauptbösewicht*.

Es ist hier aber entscheidend wichtig, zu begreifen, dass Luther den freien Willen nicht gänzlich leugnet. Er will den Begriff des freien Willens nur auf einen sinnvollen Gebrauch einschränken. Im Blick auf Gott, das Heil und die Erlösung gibt es keinen freien Willen. Wo es aber um irdische, zeitliche Dinge wie etwa Geld und Besitz geht, da verfügt der Mensch durchaus über einen freien Willen. Er ist ja von Gott zum Herrn über die Dinge unter ihm eingesetzt. In seiner Lehre vom unfreien Willen geht es Luther also lediglich darum, *dass dem Menschen ein freier Wille nicht im Bezug auf die Dinge eingeräumt sei, die höher sind als er, sondern nur in Bezug auf das, was so viel niedriger ist als er*. So sagt er in einer Predigt sehr plastisch: *dass du einen freien Willen habest, die Kühe zu melken und ein Haus zu bauen, aber nicht weiter*. Die Grenze des freien Willens ist also dort erreicht, wo es um die Erneuerung des Menschen durch den Glauben geht. Denn der Wille führt genau so wenig zum Guten wie der Verstand zum Wahren.

Luther begründet die Freiheit eines Christenmenschen gerade mit der Knechtschaft seines Willens vor Gott. Das ist bis zum heutigen Tag ein Skandal für die Aufklärung. Aber hier müsste man die Aufklärung über sich selbst aufklären, denn Luthers Lehre ist völlig schlüssig. Die Kernthese lautet: Macht macht abhängig, Allmacht macht frei. Nur vom allmächtigen Gott kann man etwas empfangen, ohne dadurch abhängig zu werden. So ist die Freiheit eines Christenmenschen tatsächlich in dem geborgen, was ein Theologe des frühen 19. Jahrhunderts, Friedrich Schleiermacher, schlechthinnige Abhängigkeit nannte. Die Betonung muss hier aber auf „schlechthinnig" liegen. Sein heißt ganz und gar abhängig zu sein von Gott. In Thomas Manns großem Josephsroman heißt es einmal: „Abhängigkeit war immer und bleibt die Quelle des Gottgefühls".

Das gilt natürlich für alles religiöse Erleben. Aber nur schlechthinnige Abhängigkeit ist die Quelle der christlichen Freiheit. Deshalb kann Luther Freiheit und Gehorsam zusammen denken. Denn einem allmächtigen Gott gehorsam zu sein hat nichts Sklavisches. Im Gegenteil: Es befreit zur Gelassenheit. Ich tue, was Not tut, und kann nicht anders. In diese schlechthinnige Abhängigkeit von Gott gerate ich aber nicht einfach hinein. Sie setzt eine harte *Arbeit an sich selbst* voraus nämlich die Verwandlung des Eigenwillens in *fröhliche Bereitwilligkeit*.

Die christliche Freiheit ist die Freiheit vom Gesetz und von der Sünde. Sie emanzipiert vom alten Adam. Aber man muss sich das

Verhältnis des neuen Seins-in-Christus zum alten Adam so ähnlich vorstellen, wie sich später dann Kant den Menschen gedacht hat. Kants Mensch ist eine Art Doppelwesen, das mit einem empirischen und einem intelligiblen Charakter ausgestattet ist. Der empirische Charakter des Menschen ist das, was wir von ihm erfahren, wenn wir ihm im Alltag begegnen. Er ist den Gesetzen der Sinnenwelt unterworfen. Als intelligibler Charakter dagegen steht er „unter keinen Bedingungen der Sinnlichkeit", das heißt er ist frei – frei etwas Neues zu beginnen.

Schon Luther kennt also diese Doppelnatur des Menschen. Er ist der alte Adam und zugleich der neue Mensch. *Ein Christenmensch ist ein freier Herr über alle Dinge und niemand untertan. Ein Christenmensch ist ein dienstbarer Knecht aller Dinge und jedermann untertan.* Ein freier Herr ist er aus dem Glauben. Ein dienstbarer Knecht ist er aus Liebe. Und auch in dieser alltäglichen Dienstbarkeit bleibt der Christ frei. Denn die christliche Freiheit lässt sich nicht durch äußerliche Werke binden. Sie bleibt allem Weltlichen gegenüber *frei und indifferent.*

Mit der abstrakten Freiheit, die darin besteht, das zu tun, was man gerade will, hat die christliche Freiheit natürlich nichts zu tun. Christlich heißt nur die Freiheit, die nicht der Gnade widerspricht. Man kann es auch so sagen: Ohne die Gnade ist der menschliche Wille sündhaft. Deshalb gibt es für Luther in der Beziehung zu Gott keinen schärferen Gegensatz als den zwischen freiem Willen und Gnade. Der Antichrist lehrt den freien Willen, den es gerade Gott gegenüber nicht geben kann. So steht der Wille des Menschen zwischen Gott und Teufel. Luther hat dafür ein drastisches Bild gefunden. Der Mensch ist ein Pferd, das entweder von Gott oder vom Teufel geritten wird. In der Schrift vom unfreien Willen heißt es: *So ist der menschliche Wille in die Mitte gestellt wie ein Zugtier.*

Der schreckliche Gott

Man kann sich die Bedeutung eines Begriffs am leichtesten klar machen, indem man nach seinem Gegenbegriff sucht. Um zu verstehen, was die Freiheit eines Christenmenschen besagt, bietet sich als Gegenbegriff eine ausgezeichnete Formulierung von Gerhard Nebel an: „aufgeklärter Titanismus". Gemeint ist die neuzeitliche Selbstbehauptung des Menschen als Selbstvergöttlichung gegen Gott. Ich komme im abschließenden Kapitel über Luther und die Neuzeit noch ausführlich darauf zurück. Hier mag zunächst einmal die literarische Erinnerung an Goethes Faust und Nietzsches Übermenschen genügen, um sich klar zu machen, was mit dem Begriff „aufgeklärter Titanismus" gemeint ist.

Es geht hier um das große Entweder / Oder am Beginn der Neuzeit. Entweder Unterwerfung unter Gott oder Selbstbehauptung gegen Gott. Entweder „radikale Selbstentmächtigung" oder „entschlossene Selbstermächtigung". Diese sehr prägnanten Formulierungen stammen aus einem wichtigen Buch, das die Legitimität der Neuzeit nachweisen will. Hans Blumenbergs These lautet: Die Legitimität der Neuzeit ist die Legitimität dieser Selbstermächtigung des Menschen gegen einen allmächtigen Gott, der als ebenso unerreichbar wie unentrinnbar erlebt wird. Die Urszene der Neuzeit zeigt uns demnach den Trotz der Selbstbehauptung des armen Menschenkindes gegen einen absoluten Vater. Ein Trotz, der dem Menschen überhaupt erst Luft zum Atmen verschafft.

Im großen Entweder / Oder zu Beginn der Neuzeit stehen sich also das Credo und das Cogito gegenüber. Entweder „ich glaube", oder „ich denke". Entweder setze ich auf die Selbstgewissheit des Glaubens, oder ich setze auf die Selbstgewissheit des Denkens. Dass es hier keinen Mittelweg geben kann, hat einen einfachen Grund: Der Gott Luthers ist schlechterdings der Vernunft unzugänglich. In seinem Buch über das Irrationale in der Idee des Göttlichen sagt Rudolf Otto über diesen Gott: „er ist ohne Maß, Gesetz und Ziel und betätigt sich im ganz Paradoxen".

Sind wir damit nicht unendlich weit vom lieben Vater entfernt, den die Frommen im Bittgebet anrufen? Tatsächlich lässt Luther keinen Zweifel daran, dass wir Gott zunächst in seiner schrecklichen Majestät erfahren. Gott ist der menschlichen Natur unerträglich. Ja, Luther geht sogar so weit, zu sagen, dass Feindschaft besteht zwischen der menschlichen Natur und dem absoluten Gott. Soweit der Mensch nur ein natürliches Wesen ist, muss man sagen: Er kann Gott eigentlich gar nicht ertragen. Gott erscheint nämlich dem natürlichen Menschen nicht als der, den der Mensch braucht, sondern als der, vor dem er zunichte wird. Aber gerade das ist ja der erste Schritt zur Rettung. Denn dem Menschen, der nur ein natürliches Wesen ist, fehlt die Gnade. Dann gibt es aber nur zwei Möglichkeiten. Entweder wird unser natürliches Wesen vernichtet, oder wir richten uns in einer gnadenlosen Welt ein. Ohne Gnade zielt mein Wille darauf, selbst Gott zu sein. Meine Natur macht mich also zum Feind Gottes. Wie gesagt: Gnade wäre die Rettung, die Befreiung aus dieser Gottesfeindschaft. Aber aus eigener Kraft kann ich eben nicht zur Gnade kommen. Ich kann nur so weit kommen, in der Feindschaft gegen Gott an mir selbst zu verzweifeln. Und das führt zu einer Paradoxie, die fast wie eine Gotteslästerung klingt: Wenn der natürliche Mensch Gott hasst, ist er ihm am nächsten.

Auch der aufgeklärte Titan kann also erlöst werden. Das setzt aber voraus, dass sein Selbstbehauptungstrotz gebrochen wird. Das ist der harte Weg zum Gehorsam. In der Analyse der Funktion des Gesetzes haben wir ja schon gesehen, dass die Natur des Menschen unfähig ist, den Anspruch Gottes zu erfüllen. Deshalb gibt es nur noch einen Weg zum Heil: die Gnade. Und deshalb sind Sittlichkeit und Autonomie zunächst einmal unwichtig. Gehorsam schaltet die Autonomie aus. Es wäre aber falsch, wenn man den christlichen Gehorsam mit Unterwerfung gleichsetzen würde. Im Gegensatz zur Unterwerfung setzt der Gehorsam nämlich Wahlfreiheit voraus. Der christliche Gehorsam unterscheidet sich von der islamischen Unterwerfung also durch ihre Freiwilligkeit. Es geht um Loyalität, nicht um Servilität. Die Freiheit eines Christenmenschen ist der bedingungslose Gehorsam gegenüber Gott. Aber dieser Gehorsam stiftet ein unbedingtes Vertrauensverhältnis.

Abraham ist die Figur dieses absoluten Gehorsams und damit der Skandal der Aufklärung. Genesis 22,1ff erzählt, wie Gott Abraham auf die Probe stellt. Er fordert ihn auf, Isaak, seinen einzigen Sohn, den er so liebt, als Brandopfer darzubringen. Abraham zögert nicht und hat schon das Messer in der Hand, um seinen Sohn zu schlachten. Da hört er von einen Engel, dass ihm Gott das Opfer des Isaak doch erlässt. Stattdessen opfert er dann einen Widder. Worum es in dieser ungeheuerlichen Geschichte geht, ist klar: Gott prüft den absoluten Gehorsam. Wie keine zweite Geschichte danach zeigt die Geschichte des zum Opfer seines Sohnes befohlenen Abraham den Gott in seiner erschreckenden Fremdheit.

Es ist nach wie vor faszinierend zu sehen, wie der größte Denker der Aufklärung, Immanuel Kant, mit diesem Skandal umgegangen ist. In seiner Schrift über den Streit der Fakultäten argumentiert er folgendermaßen: Wenn ich glaube, dass Gott zu mir spricht, kann ich doch niemals wissen, dass es Gott ist, der zu mir spricht. Denn als Sinnenwesen fehlt mir der Sinn für den unendlichen Gott. Wohl aber kann ich mich in einigen Fällen davon überzeugen, dass es nicht Gott sein kann, dessen Stimme ich zu hören glaube. Das ist immer dann der Fall, wenn mir die Stimme etwas gebietet, was dem moralischen Gesetz widerspricht. Als Beispiel dafür nennt Kant nun den Befehl an Abraham, seinen einzigen Sohn zu opfern. Entschlossen korrigiert Kant die biblische Botschaft. Das kann nicht die Stimme Gottes gewesen sein. Und folglich hätte Abraham ganz anders antworten müssen, nämlich so: „dass ich meinen guten Sohn nicht töten solle, ist ganz gewiss; dass aber du, der du mir erscheinst, Gott sei, davon bin ich nicht gewiss". Der Aufklärer kann also nur einen Gott anerkennen, der sich dem Sittengesetz unterwirft.

Die meisten Menschen würden Kant wohl zustimmen. Und man muss sich in der Tat fragen, ob ein normaler Mensch diesen Gehorsam Abrahams wirklich verstehen kann. Wie soll der, der an Gott glauben will, damit umgehen, dass die Majestät Gottes sich als erschreckend manifestiert? Kann man die Spur des Schreckens, die der Zorn Gottes durch das Alte Testament legt, einfach nur als Strafe für die Untreue der Menschen interpretieren? Wir müssen hier die Argumentation etwas tiefer anlegen. Das Majestätische ist das Unnahbare. In der erschreckenden Majestät Gottes kommt zum Ausdruck, dass das Absolute für den natürlichen Menschen das Unmenschliche ist. Rudolf Otto hat das in seinem Buch über das Heilige auf eine berühmt gewordene lateinische Formel gebracht: mysterium tremdendum et fascinosum. Mysterium ist das Geheimnis. Tremendus heißt schrecklich, furchtbar, grauenhaft. Und fascinare heißt eigentlich verhexen oder bezaubern, aber wir können hier auch unser Fremdwort mithören: faszinieren. Das mysterium tremendum jagt uns also einen religiösen Schrecken ein. Und der hat eine segensreiche Wirkung. Mit den Worten des Religionsphilosophen Jacob Taubes: „Das Heilige ist die Schrecknis, die das Gefüge der Welt erschüttert. Die Erschütterung durch das Heilige sprengt das Gefüge der Welt für das Heil."

Für diese segensreiche Wirkung des Göttlich-Schrecklichen hat Rudolf Otto einen neuen religionswissenschaftlichen Grundbegriff vorgeschlagen: das Numinose. Numen ist das lateinische Wort für die göttliche Macht, und zwar mit einem besonderen Akzent auf Gottes Allmächtigkeit und Unnahbarkeit. Otto sagt selbst, dass er diesen Begriff des Numinosen an Luthers Schrift über die Knechtschaft des Willens abgelesen hat. Dass das Geheimnis des Glaubens erschreckend und faszinierend zugleich ist, bringt Luther so zum Ausdruck: Wir ehren das Heilige zwar mit Furcht, aber wir fliehen nicht davor. Im Gegenteil, wir wollen immer näher hin dringen, denn es zieht uns unwiderstehlich an.

Es gehört also beides zusammen, der Zorn und die Gnade Gottes. Wir erleben ihn als zornigen Richter und zugleich als gnädigen Vater. Was erschreckt, ist der Zorn Gottes, was fasziniert, ist die erlebte Gottesliebe. Man kann also die beiden lateinischen Formeln von Luther und Otto sehr gut aufeinander projizieren. Dem mysterium tremendum et fascinosum entspricht exakt das simul iustus et peccator. Als Sünder erlebe ich den Schrecken, als gerechtfertigt erlebe ich die Liebe Gottes. Es gibt für Luther hier keinen Mittelweg, kein temperiertes Fühlen. In diesem Extremismus von Schrecken und Liebe empfindet er noch ganz mittelalterlich. Johann Huizinga bemerkt dazu: „Wo es bei uns nur ein zauderndes und halb schuldbewusstes Zumessen gemilderter Strafen gibt, da kennt die mittelalterliche Justiz nur die beiden Extreme: das volle Maß grausamer Strafe oder Gnade."

Der Fromme hält sich an die Verheißung, dass hinter dem Erschreckenden das Faszinierende steckt. Er hofft, dass sich der Zorn Gottes als Maske seiner Gnade erweisen wird. Aber zunächst einmal stößt er auf den fremden Gott. Er ist der Ganz Andere. Seine unnahbare, erschreckende Majestät macht verständlich, warum sich Luther so fanatisch auf das Wort Gottes wirft. Denn im Wort ist der verborgene Gott doch offenbar. Im Wort, wohlgemerkt, nicht in der Geschichte. Nur als verborgener Gott handelt er in der Geschichte. Luther spricht hier von *Gottes Mummerei*. Und gemeint ist eben, dass Gott sich in der Weltgeschichte verhüllt.

In der Welt wirkt Gott nur maskiert, im Wort offenbar er sich. Auch diesem Gedanken gibt Luther die radikalste Fassung: Gott verbirgt sich in seinem Gegenteil, das heißt in einer Gestalt, die unserem Denken widerspricht. Gott selbst bleibt also verborgen. Und er müsste uns auch ewig verborgen bleiben, wenn es nicht sein Wort gäbe. In seinem Wort, nämlich in Jesus Christus, ist Gott offenbar.

Vor dem Schrecken des verborgenen Gottes rettet uns also nur das Wort des offenbaren Gottes. Man kann es auch so sagen: Mit Christus überwindet Luther den Schrecken des Absoluten, die Angst vor dem allmächtigen Gott.

Wir wollen hier nicht auf die Psychologie des Mannes Luther eingehen. Aber man kann doch aus der großartigen und immer noch unüberbotenen Studie des amerikanischen Psychoanalytikers Erik H. Erikson Entscheidendes über Luthers eigene Ängste und Depressionen lernen. Luther ist ein Patient im Wortsinne, ein Leidender, der sein Leiden leidenschaftlich beschreibt. Er ist die kranke Seele, das gespaltene Selbst, der Mensch in der Identitätskrise, der verzweifelt nach einer zweiten Geburt verlangt. Und Luthers eigener Lebensweg zeigt mustergültig, wie diese Verzweiflung in Heilsgewissheit umschlagen kann. Aber der Mensch muss eben auch an den Punkt der Verzweiflung getrieben werden, um die Heilsgewissheit zu erlangen.

Deshalb bekommen Begriffe wie Angst, Furcht und Zittern, Anfechtung und Heilsunsicherheit bei Luther einen positiven Akzent. Er scheut ja keine Paradoxie, und eine der wichtigsten Lutherschen Paradoxien ist die von der Heilsamkeit der Verzweiflung. Was ist damit gemeint? Florens Christian Rang schreibt in seinem Buch über Shakespeare als Christ: „Wer den Schmerz, die Verzweiflung nicht auskosten will, wer das Unerträgliche erträglich machen will, gehört zu den Verworfenen der Trägheit des Herzens. Nicht der Mensch setzt das Maß; es wird ihm gesetzt, wenn er sein Menschliches erschöpft hat." Hier wird also die Verzweiflung zum Weg der Rettung. Der Gott der Christen ist der Gott der Verzweifelten.

Das entspricht ja auch dem, was wir schon über das unerfüllbare Gesetz gehört haben. Furcht und Zittern sind die natürliche Reaktion auf das Gesetz, das Gebot, das uns demütigt und zur Sündenerkenntnis zwingt. Aber gerade das ist die rechte Haltung, in der man die frohe Botschaft aufnehmen kann. Nur der tief Erschrockene kann wirklich bitten. Nur wer sich fürchtet und zittert, braucht den Heiland. Deshalb identifiziert Luther die Gottesfurcht mit dem Gottesdienst. Furcht und Zittern sind die höchste Unruhe des Gewissens, die im Glauben dann in absolute Gewissheit umschlägt. In der Furcht beginnt die Verzweiflung, aber auch ihr Gegensatz: die Hoffnung. Und diese Hoffnung formt den neuen Menschen. Dass wir in der Gottesfurcht zugleich verzweifeln und hoffen, liegt eben daran, dass *zwei in ihrer Natur einander entgegengesetzte Menschen in uns sind, der alte und der neue*. Der alte Adam in uns soll sich fürchten und untergehen, damit wir neue Menschen werden können.

Um auf Gott zu hoffen, muss man an sich selbst verzweifeln. Die größte Gefahr für unser Seelenheil liegt also in unserer Selbstsicherheit. Furcht und Zittern sind die Unruhe, die uns aus dieser falschen Sicherheit aufscheucht. Deshalb ist der Gott der Christen nicht nur der verheißende und tröstende, sondern auch der drohende und erschreckende Gott. Und wenn wir gerade gesagt haben, dass die Verzweiflung zum Weg der Rettung werden muss, dann können wir jetzt präzisieren: Gottesfurcht ist der Königsweg zwischen dem falschen Gefühl selbstgefälliger Sicherheit und dem falschen Gefühl der Verzweiflung an Gott. Die Gottesfurcht nimmt mir nämlich die Angst. Ich muss nur Gott gehorchen, um frei zu sein in der Welt. Die Gottesfurcht absorbiert alle meine Befürchtungen – und jetzt kann ich Mut fassen.

Wer in der Furcht Gottes lebt, muss nichts mehr fürchten. Die monotheistische Gottesfurcht ist nämlich das Gegenteil der heidnischen Furcht vor den Göttern. Der Gott der Christen ist nicht nur ein Gott. Und das wendet den Schrecken in Zuversicht. Die unzähligen Befürchtungen werden durch eine einzige Furcht ersetzt und dadurch in Mut verwandelt. So kann die Gottesfurcht zur Grundlage der Gottesliebe werden.

Was ist Sünde?

So weit die Theologie. Doch wie steht es mit der Praxis des religiösen Lebens? Kannst du noch glauben, ein Sünder zu sein, der der Erlösung bedarf? Wer verspürt denn heute noch Furcht und Zittern vor Gott? Im Blick auf die Lebensstile der modernen Welt verfestigt sich der Eindruck, dass sich kaum noch jemand so versteht, dass er ein Sünder sei und der Erlösung bedürfe. Aber immerhin gibt es Deckbegriffe für Sünde, wie zum Beispiel Freuds Formel vom Unbehagen in der Kultur. Für Freud werden die Triebe zum Schicksal, weil Kultur nur Triebunterdrückung sein kann. Kultur macht unglücklich, und damit stellt sich das Problem der Lebensführung. In den Kommentar eines bekannten Goethe-Gedichts gekleidet, findet man bei Freud den Satz: „Das Leben, wie es uns auferlegt ist, ist zu schwer für uns, es bringt uns zu viel Schmerzen, Enttäuschungen, unlösbare Aufgaben." Und dasselbe meint wohl auch der Soziologe Max Weber, wenn er ein „gottloses Sündengefühl" des modernen Menschen konstatiert.

Was ist Sünde? Man hat wahrscheinlich noch nie gewusst, was die Sünde wider den Heiligen Geist sein könnte. Aber heute weiß man auch nicht mehr, was Sünde ist. Die Moderne hat das Sündenbewusstsein abgeschafft und damit aus Sündern Patienten gemacht. Vielleicht sollte man genauer sagen: Die Moderne hat das Sündenbewusstsein in die Neurose verdrängt. Aber das Verdrängte kehrt wieder. Diese Wiederkehr des verdrängten Sündenbewusstseins schafft eine Fülle von Symptomen: das hysterische „Umweltbewusstsein" genau so wie die pharisäische „Willkommenskultur", aber auch Grotesken wie die Ablasszahlung der Vielflieger. Die Rhetorik der sozialen Gerechtigkeit macht aus der sozialen Ungleichheit auf einfachste Weise einen Generator von Schuldbewusstsein: Ich erzeuge den Neid der anderen – das ist meine Schuld. Und wenn Luther sagt: *Nun sind wir insgemein alle gegeneinander schuldig*, dann übersetzt das die politische Korrektheit heute so: Kapitalismus ist der Schuldzusammenhang des Lebendigen. Kurzum, nur ein ungeheures Schuldbewusstsein kann den Erfolg der Grünen, Multikultis und Antikapitalisten in der westlichen Wohlstandswelt erklären.

Doch woher kommt dieses ungeheure Schuldbewusstsein in der modernen Welt? In der Wohlstandswelt sündigen die Menschen offenbar noch viel ärger als in Zeiten der Not. Kann man das mit Hilfe von Luthers Lehre erklären? Die Sünde hat für Luther drei Quellen: das Fleisch, die Welt und den bösen Geist. Das Fleisch will Lust und Bequemlichkeit. Die Welt verlockt mit Reichtum und Prestige. Der böse Geist verführt zu Eitelkeit und Hochmut. Alle drei Quellen sprudeln heute kräftig. Aber vor allem die Verführung durch den bösen Geist ist für die Frage, wie man den Begriff Sünde heute verstehen könnte, besonders wichtig. Dazu müssen wir einen weiteren sperrigen Begriff der Bibel einführen, der vor allem bei Paulus eine prominente Stelle hat: das Rühmen.

In der Frage des Glaubens hängt alles daran, dass dem Menschen nur etwas geschenkt werden kann, nämlich die Gnade, wenn ihm etwas genommen wird, nämlich das, was in der Bibel das Rühmen heißt. Beginnen wir mit einer Definition von Rudolf Bultmann: „Die eigentliche Sünde des Menschen ist die, dass er selbst sein Wollen, sein Leben in die Hand nimmt, sich selbst sichert und so sein Selbstvertrauen, seinen ‚Ruhm' hat." Mit dem Begriff Sünde ist also nicht die moralische Verfehlung gemeint, sondern der Wille zur Selbstbehauptung: Ich nehme mein Leben in die eigene Hand. Wenn Sünde also keine moralische Verfehlung sondern die natürliche Einstellung des Menschen bezeichnet, dann ist die Vergebung der Sünde gleichbedeutend mit der Befreiung des Menschen von seiner eigenen Vergangenheit.

Sünde ist demnach kein ethischer Begriff. Ja, man kann sogar sagen, dass der Begriff Sünde die Ethik sprengt. Es geht vielmehr um den Stolz des Menschen auf die eigene Leistung. Die Sünde ist also der Name für die natürliche Einstellung des Menschen, nicht für eine besondere Verfehlung oder Unmoral. Es geht um das Bestreben des Menschen, sich aus eigener Kraft im Dasein zu halten. Mit anderen Worten, der Begriff Sünde zielt auf den Willen, aus eigener Kraft vor Gott bestehen zu können. Es geht also um das, was in der Bibel und vor allem bei Paulus das Sich-Rühmen heißt. Die größte Versuchung ist die, sich zu rühmen. Wir würden heute wohl vom Begehren nach Anerkennung oder von Geltungsdrang sprechen.

Der Glaube kämpft gegen dieses Begehren nach Anerkennung. An die Stelle des Stolzes tritt beim Frommen die Hingabe. Und umgekehrt verstrickt sich der Mensch immer tiefer in die Sünde, wenn er sich auf eigene Faust von ihr frei machen will. Er will dann selbst leisten, was ihm nur die Erlösung bringen könnte. Als natürliche Menschen haben wir keinen Sinn für das Heil, weil wir keinen Sinn für die Sünde haben. Wir kennen die Schöpfung nicht mehr, weil wir den Schöpfer nicht mehr kennen. Die Sünde trennt die Schöpfung von der Welt. Und deshalb können wir die Welt, die der Schöpfergott gut gemacht hat, nicht kennen. Und deshalb leben wir in einer anderen, entfremdeten Welt, eben in „dieser Welt". Es ist nämlich das von der Sünde bestimmte Leben, das bei Paulus und Luther „Welt" heißt. Welt heißt Fleisch und Fleisch heißt Selbstbehauptung. Aber gerade das zeigt, dass Sünde kein weltlicher sondern ein geistlicher Begriff ist.

Der Weg vom natürlichen Menschen zum Christenmenschen führt über zwei Etappen. Zunächst muss ich überhaupt erst einmal erkennen, dass ich ein Sünder bin. Und dann muss ich vor Gott bekennen, dass ich ein Sünder bin. Man kann es auch so sagen: Der erste Schritt zum Glauben wäre zu glauben ein Sünder zu sein. Luther hat dafür den Ausdruck, man müsse den gekreuzigten Christus lernen. Den gekreuzigten Christus lernen heißt also erkennen, dass man Sünder ist. Wer diese Lektion gelernt hat, lebt in einer anderen Welt als der natürliche Mensch. Und er liest auch etwas ganz anderes, wenn er die Bibel aufschlägt. Damit verabschiedet sich der Christenmensch aber von den Wissenschaftskriterien der modernen Welt. Denn für ihn kann es keine objektive Interpretation der Bibel geben. Nur wer sich als Sünder weiß, hört das Wort Gottes richtig. Wer keine Anfechtungen und Versuchungen kennt, kann die Bibel nicht verstehen. Ich erkenne mich selbst in der Versuchung. In den Anfechtungen lerne ich mich kennen als Sünder. Christliche Selbsterkenntnis heißt im Kern Selbsterniedrigung.

Mit einer Versenkung in sich selbst ist es hier aber nicht getan. Wir kennen nämlich nur einen kleinen Teil unserer Sünden. Es geht eben nicht um diese oder jene Verfehlung, sondern um die sündhafte Existenz als solche. Die Sünde ist das Sein des Menschen. Deshalb ist für Luther das ganze Leben Buße. Und damit sind wir auf der zweiten Etappe des Wegs vom natürlichen Menschen zum Christenmenschen: Ich muss meine Sünde vor Gott bekennen. Die Sünde ist die Form der Schuld, die ein Bekenntnis verlangt und die Verzeihung erhofft. Ich kann die Sünde also nicht wie Schulden begleichen. Und ich kann mich auch nicht damit herausreden, dass ich mich gebessert hätte. Nur das Bekenntnis der Sünde zählt. Vor Gott muss ich mich als Sünder bekennen, auch wenn ich vor den Menschen gerecht erscheine.

Ich muss also lernen, Sünder zu werden. Das heißt aber, dass mein Sünder-Sein nicht fleischlich sondern geistig zu verstehen ist. Es geht nämlich um die Sünden, derer ich mir nicht bewusst bin. *Die Sünde, in der wir geboren sind, in der wir leben, uns bewegen und sind, vielmehr die in uns lebt, sich bewegt und herrscht, kennen wir nicht.* Man könnte sagen: Ich muss glauben, dass ich ein Sünder bin. Es ist also keineswegs paradox, wenn Luther immer wieder betont *wie schwer es ist, ein Sünder zu werden.* Und am schwersten ist es natürlich für die Gutmenschen, die sich für gerecht halten.

Die Christen sind genau so Sünder wie die Ungläubigen, aber sie haben *den Vorteil, dass sie sich des schuldig erkennen.* Das Wesentliche des Christentums ist also die Selbsterkenntnis als Sünder, die sich in der Bitte um Gnade ausdrückt. Ich habe Angst vor dem Tod, der Teufel versucht mich, mein Glaube ist schwach und meine Liebe ist kalt, ich bin ungeduldig und neidisch – in schönstem Lutherdeutsch: *die Sünde klebt hinten und vorn an mir.* Und deshalb bin ich offen für Christus. Ich bleibe der alte Adam. Aber im Sündenbewusstsein kann ich Distanz zu mir gewinnen. Nur wer erkennt, dass er ein Sünder ist, kann also das Wort der Gnade, das Wort von der Vergebung der Sünden hören. Und umgekehrt kann derjenige, der nicht weiß oder fühlt, was Sünde ist, mit Begriffen wie Gnade und Rechtfertigung nichts anfangen.

Bisher haben wir die Begriffe Gnade und Rechtfertigung noch nicht erörtert. Vor allem auch Luthers zentraler Lehrbegriff von der Rechtfertigung durch den Glauben muss noch sorgfältig dargestellt werden. Aber wir können jetzt schon festhalten, dass die Sündenerkenntnis durch den Glauben die Voraussetzung für die Rechtfertigung durch den Glauben ist. Man kann es auch ganz einfach sagen: Ohne Demut keine Gnade. Und die Demut besteht vor allem auch in der Einsicht, dass wir hilfsbedürftig sind. In der Schrift von den guten Werken sagt Luther: *Gott ist den Sündern nicht feind, sondern allein den Ungläubigen, das ist denen, die ihre Sünden nicht erkennen, klagen, noch Hilfe dagegen bei Gott suchen, sondern sich durch ihre eigene Vermessenheit selber zuvor reinigen, seiner Gnade nicht bedürfen und ihn nicht einen Gott sein lassen wollen, der jedermann gibt und nichts dafür nimmt.* Das ist Klartext. Gott hasst die Menschen, die nicht Sünder sein wollen. Er hasst die Menschen, die sich seine Gnade verdienen wollen. So heißt es in einem Brief Luthers an Georg Spenlein vom 8. April 1516 in aller wünschenswerten Deutlichkeit: *Christus wohnt nur in Sündern.* Er ist der Feind der Sünde, aber der Freund des Sünders. Und seine Liebe gilt nicht dem Gutmenschen, sondern nur dem reuigen Sünder.

Platons Höhle ist sicher der berühmteste Mythos der Philosophiegeschichte. Sie ist ein Bild für die Wahrheitsunfähigkeit des Menschen. Er lässt sich von Schattenbildern fesseln, statt nach dem Licht der Sonne zu streben. Der Philosoph Leo Strauss hat dann eine interessante Umformung dieses Mythos gewagt. Nach Strauss müssten wir modernen Menschen uns glücklich schätzen, wenn wir in Platons Höhle wären. Stattdessen sind wir der Wahrheit noch viel ferner als die alten Griechen. Wir wohnen in einer Höhle noch unterhalb der Platonischen. Und unsere vordringlichste Aufgabe müsste eigentlich darin bestehen, erst einmal in Platons Höhle hinaufzusteigen. Hier bietet sich eine Parallele zu unserem Thema an. So wie der moderne Mensch auf der Suche nach der Wahrheit erst einmal in Platons Höhle hinaufsteigen muss, so muss sich der Christ auf der Suche nach dem gnädigen Gott erst einmal in die Sündhaftigkeit hinaufsündigen. Sünder zu sein, ist nämlich höchst voraussetzungsvoll. Und was dabei vor allem vorausgesetzt wird, ist Geist. In Thomas Manns Josephsroman heißt es dazu sehr schön: „Ist man ein Vieh, so kann man nicht sündigen und spürt von keiner Hölle nichts."

Es ist also nicht damit getan, dass man die moderne Ignoranz gegenüber dem Begriff der Sünde überwindet. Er muss in seiner ganzen Tiefe empfunden werden. Der Christenmensch läuft nämlich leicht Gefahr, es sich zu leicht mit der Sünde zu machen. Deshalb muss er kräftiger sündigen, um sich der rechten Sünde bewusst zu werden – fortiter peccare, wie Luther gerne lateinisch formuliert. Nur kräftige Sünden sind echte Sünden, die das Sündenbewusstsein wecken. Alles andere sind nur, um es mit einem guten Wort von Florens Christian Rang zu sagen, „Spreu-Sünden". So heißt es in einem Brief Luthers an Melanchton vom 1. August 1521: *Also sei Sünder und sündige unerschrocken.* Je stärker ich sündige, um so deutlicher fühle ich, dass ich hilfsbedürftig bin – und deshalb rufe ich in Demut nach Jesus Christus.

Hier wird wieder deutlich, wie wichtig das Gesetz für den Christen ist, obwohl es doch von Christus erfüllt und damit eigentlich überwunden ist. Wir haben ja schon gesehen, dass Gott das Gesetz gibt, damit es übertreten wird. Die Sünde soll deutlich und groß werden. Denn was Gnade heißt, wird erst klar, wenn deutlich geworden ist, was Sünde heißt. Deshalb brauchen wir das Gesetz für das Heil, denn es vergrößert die Sünde und macht sie besser sichtbar. Das Gesetz provoziert seine Übertretung. Das ist sein heilsgeschichtlicher Sinn. So antwortet Paulus im Galaterbrief 3,19 auf die Frage, warum es das Gesetz gibt: Es ist hinzugekommen um der Sünden willen, also wegen der Übertretungen. Das Gesetz wird von Paulus also anthropologisiert, ja zum Verblendungszusammenhang kosmologisiert. Und nur das Christusgeschehen kann uns daraus befreien.

Der geile Adam

Wenn wir das, was wir bisher über den Begriff der Sünde herausgefunden haben, noch einmal in Ruhe durchdenken, verliert auch der Begriff der Erbsünde viel von seiner Befremdlichkeit. Der Mensch wird nicht erst zum Sünder, sondern er ist es immer schon. In der Konfrontation mit dem Gesetz erfährt der Mensch, dass er der alte Adam ist. Jeder ist Sünder. Ich bin immer Sünder. Und Erbsünde heißt eben: Man kann nicht nicht sündigen. Deshalb hat die Sünde auch nichts mit moralischen Verfehlungen zu tun. Und schon um dieses Missverständnis auszuschließen, ist das Dogma von der Erbsünde von größter Bedeutung. Es blockiert von vornherein alles Moralisieren. Die *Erbsünde ist eine so ganz tiefe, böse Verderbnis der Natur*, dass man sie nicht verstehen sondern nur glauben kann.

Obwohl es für Luther auch die *Erbsünde nach Adams Fall* gibt, nämlich den Unglauben an Jesus Christus, verbinden wir mit dem Dogma von der Erbsünde die Geschichte von Adam und Eva. Es ist die Geschichte vom ersten Verbot, das prompt seine Übertretung provoziert. Wir müssen gar nicht verstehen, warum sich dieses Verbot auf das Wissen um Gut und Böse richtet. Wichtig ist nur das Ergebnis: Der Mensch ist schuldig. Das unterschreiben aber auch die großen Denker der modernen Welt, die sich alle rühmen, unchristlich oder antichristlich zu denken. Denn wenn Karl Marx von Entfremdung, Freud vom Ödipus-Komplex und Martin Heidegger von Uneigentlichkeit sprechen, dann haben sie nur modische Namen für das geprägt, was der Christ Erbsünde nennt. Und müsste Erbsünde nicht auch der Titel jeder ehrlichen Geschichtsbetrachtung sein, nachdem wir aus dem Traum vom Fortschritt erwacht sind?

Doch sehen wir uns die einfache Geschichte von Adam und Eva noch einmal genauer an. Wer vom Baum der Erkenntnis isst, soll das Wissen um Gut und Böse erlangen. Das zumindest verspricht die Schlange, und sie scheint Recht zu behalten. Der Mensch, der bisher nur Gottes Ebenbild war, wäre dann Gott gleich. Und genau darum geht es in der Geschichte. Die Verheißung der Schlange, zu sein wie Gott, führt zur Rivalität, die der Kern des Bösen ist. Dass sich der

Mensch zum Rivalen Gottes aufwirft, ja vielleicht aufwerfen muss, ist das große Thema schon des jungen Luther. Im 19. Jahrhundert wollte es Nietzsche und im 20. Jahrhundert wollte es René Girard zu Ende denken.

Nach Luther kann der Mensch von Natur aus nicht wollen, dass Gott Gott sei. Das bedeutet aber, dass es keine natürliche Gottesliebe gibt. Im Gegenteil. *Der Mensch kann von Natur aus nicht wollen, dass Gott Gott ist; er möchte vielmehr, dass er Gott und Gott nicht Gott ist.* Das führt zu einer absoluten Rivalität des natürlichen Menschen mit Gott. Genau so sieht es auch noch Nietzsche, der daraus nur die atheistische Konsequenz zieht: Wenn es einen Gott gäbe, hielte ich es nicht aus, kein Gott zu sein. Also gibt es keinen Gott! Aber schon bei Luther wird bewusst, dass der natürliche Mensch Gott hasst. Und gerade indem sich Luther dazu durchringt, diese Gottesfeindschaft einzugestehen, eröffnet er den Weg zur Befreiung vom Schuldbewußtsein.

Mit dem Dogma von der Erbsünde verleiht das Christentum dem Problem der Rivalität eine welthistorische Dimension. Die Rivalität äußert sich als Aggressivität, das heißt als ständige, gegenstandslose Gewaltbereitschaft. Wir sind aggressiv, weil wir Rivalen sind. Und seit alle nur noch „Menschen" sind, ist die Rivalität grenzenlos. Große Denker des 20. Jahrhunderts wie Max Weber, Sigmund Freud und René Girard haben das erkannt und dem Teufel damit seinen Anteil an der Weltgeschichte zuerkannt. Es geht dann aber nicht mehr um die Rivalität zwischen Mensch und Gott wie bei Luther und Nietzsche, sondern um die Rivalität der Menschen untereinander.

Hier erweist sich der Teufel als die Gewalt. Er zeigt sich in der Aggression und ist vor allem in der Politik zu Hause. Für den Soziologen Max Weber ist Politik Gewalt, also diabolisch. Die Frage ist nur, ob man ihr entkommen kann, oder sich mit ihr arrangieren muss. Politik als Beruf ist Max Webers Antwort auf diese Frage. Gemeint ist das rationale und zugleich männliche Arrangement mit der alles gesellschaftliche Leben durchdringenden Gewalt. Und auch Freuds Antwort ist klar: Wir müssen in aller Nüchternheit das Böse im Menschen als Aggressionstrieb anerkennen – auch wenn die politischen Kinder davon nichts hören wollen.

Das sind atheistische Antworten. Niemand aber hat das Leben der Menschen radikaler im Zeichen der Gewalt gesehen als René Girard. Seine Apologie des Christentums ist ein Akt der Notwehr. Es geht Girard im Kern um die Wiedergewinnung der Transzendenz. Denn nur die Macht der Transzendenz kann den Teufelskreis der Gewalt durchbrechen. Nicht das Christentum, wie Nietzsche meinte, sondern das Menschlich-Allzumenschliche von Neid und Rache hat uns in eine Welt des Ressentiments gebannt. Und ob man nun an „soziale Gerechtigkeit", also den Neid zugunsten den öffentlichen Wohls, oder an das alltägliche Scherbengericht der Massenmedien denkt – überall erweist sich als das eigentliche Sozialgefühl der Neid. Wir können nun vom Christentum lernen, dass nur die Macht der Transzendenz den Teufelskreis der Gewalt durchbrechen kann. Das heißt, aus den Rivalitätskonflikten von Neid und Eifersucht befreit uns nur die Nachahmung eines transzendenten Vorbildes. Das ist der Sinn, den René Girard der imitatio Christi gibt. Denn Gott ist die Liebe und so der Gegensatz zur Gewalt.

Wie kommt es nun aber zu dieser allzeit bereiten, gegenstandslosen Aggressivität? Mit seiner Antwort auf diese Frage erweist sich Freud als einer der großen Theoretiker der Erbsünde. Für Freud entsteht die grundlose Gewalt nämlich aus einer „primären Feindseligkeit" des Menschen. Für jeden Menschen ist „der Nächste eine Versuchung, seine Aggression an ihm zu befriedigen". Von diesem Nächsten wissen wir ja, dass der Christ ihn lieben soll. Und obwohl wir den Begriff der Nächstenliebe noch nicht geklärt haben, wird hier schon deutlich, dass er die absolute Negation jener primären Feindseligkeit darstellt. Nächstenliebe ist offenbar die spezifisch christliche Antwort auf den Rivalitätskonflikt.

Wie das Problem der Rivalität unter den Menschen entsteht, lässt sich eigentlich ganz leicht erklären. Alles, was ich begehre, gehört dem Nächsten. Deshalb können wir sagen, dass durch die Endlichkeit das Böse in die Welt kommt. Wir sind alle Rivalen im Kampf um die knappen Güter. Und um es im Blick auf das christliche Gebot der Nächstenliebe zu formulieren: Als endliches Wesen kann ich meinen Nächsten nicht lieben, weil er mein Rivale im Kampf um die knappen Güter ist. Hans Blumenberg hat diese Fassung des Erbsünde-Dogmas in seinem Buch über die Matthäuspassion am besten formuliert: „Das sterbliche Wesen kann nicht leben ohne die Schuld, wegen seiner endlichen Lebenszeit den Nächsten als den Rivalen um jedes Lebensgut nicht lieben zu können."

Luther selbst ist bereit, darauf zu verzichten, das Erbsünde-Dogma zu verstehen, und will sich damit begnügen, es zu glauben. Aber die gerade mit Girard und Blumenberg entwickelte Lesart lässt sich durchaus verstehen. Und man kann sie auch einem Ungläubigen plausibel machen. Allerdings ist sie nicht ganz texttreu. In seinem

Römerbrief 5,12 schreibt Paulus, dass durch Adams Fall die Sünde in die Welt gekommen ist. Und durch die Sünde sei dann der Tod in die Welt gekommen. Blumenberg und Girard stellen diesen Zusammenhang mit hoher Absicht auf den Kopf: Mit dem Tod kommt die Sünde in die Welt. Denn Tod heißt Endlichkeit, und Endlichkeit zwingt zur Rivalität. Doch während es für Blumenberg noch eine sachliche Basis für die Rivalität gibt, nämlich die Knappheit der Güter, hat sich für René Girard der Geist der Rivalität längst verselbständigt. Das Begehren der Menschen hat seinen Grund weder in dem, der begehrt, noch in dem, was er begehrt, sondern im Rivalen.

Die Erbsünde kann man wie eine Ellipse modellieren, die ja um zwei Brennpunkte konstruiert ist. Den einen Brennpunkt haben wir gerade genauer bestimmt, nämlich die menschliche Aggressivität. Und wir werden gleich sehen, wie Luther im Staat, beziehungsweise dem, was man vor 500 Jahren noch Obrigkeit nannte, eine Gnadenform für diese Aggressivität entdeckt. Der zweite Brennpunkt der Erbsünde ist die Sexualität. Und auch für sie findet Luther eine Gnadenform, nämlich die Ehe. Doch auch hier dürfen wir über Luthers Lösung des Problems nicht das Problem selbst aus den Augen verlieren. Und Luther nimmt das Problem der Sexualität sehr viel ernster, als es evangelischen Theologen, die es gut mit ihm meinen, lieb ist.

Auch in dieser Frage hat schon Paulus eine Umwertung der antiken Werte vorgenommen. Dass das sexuelle Begehren Sünde sei, ist nämlich eine völlig unantike Vorstellung. Wir haben ja schon von Luthers Lehre gehört, dass es eine Erbsünde nach Adams Fall gibt, nämlich den Unglauben an Jesus Christus. Von hier aus kann man das christliche Verständnis von Sexualität als Sünde am besten nachvollziehen. Die Wollust ist die Evidenz der Erbsünde. Weil die Menschen die von Gott geoffenbarte Wahrheit nicht angenommen haben, trifft sie sein Zorn. Wie Paulus in seinem Römerbrief 1,24ff schreibt, straft Gott die Ungläubigen, indem er sie ihren schmählichen Begierden und den Gelüsten ihres Herzens überlässt. Im Römerbrief 13,13f stellt Paulus dann der lüsternen Pflege des Fleisches das „Christus anziehen" gegenüber. Und ganz ähnlich stellt er im 1. Korintherbrief 6,18f der Unzucht, das heißt der Sünde gegen den eigenen Leib, die Verherrlichung Gottes im eigenen Leib gegenüber. Damit meint er zweifellos Askese. Doch das ist nicht jedermanns Sache. Und Paulus ist lebenserfahren genug, um den Schwächeren, also den von sexueller Entsagung Überforderten, einen anderen Ausweg anzubieten, nämlich die Ehe. Diesen Weg wird dann auch Luther einschlagen.

Luther nimmt das Problem der Sexualität genau so tief und ernst wie vor ihm Paulus und nach ihm Freud, der in einem Brief an seinen Freund Wilhelm Fließ vom 10. Juli 1900 dafür den eindrucksvollen Namen „Luzifer-Amor" gefunden hat. Man muss nicht spekulieren über Schuldgefühle des jungen Mannes Martin Luther, die vielleicht in jugendlicher Onanie oder in spontanen Ejakulationen im Erfurter Kloster ihren Ursprung haben. Auch kleine Verfehlungen hätten genügt, damit sich Luther ein sündhaftes Leben zuschreibt. Von Anfang an ist er auf der Suche nach dem gnädigen Gott. Denn ohne Gnade kann man nicht nicht sündigen. Das heißt, ein Leben ohne Gnade wird von grundlosem Hass und sexueller Begierde angetrieben. Aber auch hier wird wieder deutlich, dass erst die Sünde die Möglichkeit der Gnade sichtbar macht. Erst durch die Sünde gibt es das Sexuelle und den Geist.

Wo bei Paulus das griechische Wort σάρξ (sarx) steht, übersetzt Luther gewöhnlich mit Fleisch. Das Wort ist missverständlich, weil es einerseits sehr handfest klingt, andererseits aber in seinem konkreten Gebrauch veraltet ist. Wenn wir die Sachverhalte, um die es jeweils geht, nüchtern betrachten, drängen sich als Übersetzung von σάρξ (sarx) heute eher Worte wie Sinnlichkeit, Begehren oder Sexualität auf. Aber auch diese Übersetzung ist problematisch, weil Paulus und Luther mit dem Wort Fleisch insgesamt das Leben ohne Gnade bezeichnen wollen. Fleisch heißt nicht nur Wollust, sondern ist der Name für alles, was der Gnade widerstreitet. Das Wort Fleisch meint also nicht nur den Leib, sondern auch die Seele, nicht nur die Sinnlichkeit, sondern auch den Verstand. Fleisch ist das ganze Sein des Ungläubigen. Doch wenn es in der Vorlesung über den Galaterbrief heißt, *dass ‚Fleisch' nicht nur der Sinnenmensch oder die Sinnlichkeit mit ihren Begierden usw. ist,* dann sollte man – gegen die keusche Hermeneutik der Kirche – das „nicht nur" betonen. Nicht nur, aber eben auch.

Das, was das biblische Wort Fleisch über die reine Sexualität hinaus bezeichnet, sind alle Formen der Lust, die Suchtcharakter haben. Man nennt das heute Pleonexie: die Sucht nach „immer mehr". Ob es sich um Geld oder Wissen, ob es sich um Macht oder Ruhm handelt – wir haben nie genug. Und angesichts der Vielzahl dieser Begierden ist der Mensch nicht Herr im eigenen Haus. Er ist seines Herzens nicht mächtig. Mit dem Wort σάρξ (sarx), Fleisch bedenken Paulus und Luther den *geilen Adam* in uns, den ständigen Widersacher des inwendigen, durch den Glauben gerechtfertigten Menschen. Fleisch, das sind die natürlichen Neigungen des Menschen. Und genau gegen diese natürlichen Neigungen richtet sich das – wohlgemerkt: unerfüllbare – Gesetz. Man denke vor allem an das neunte und zehnte Gebot: Du sollst nicht begehren... Das Gesetz aktualisiert und stimuliert die Sünde. Man könnte auch sagen: Das Gesetz holt die Sünde aus ihrem Latenzzustand heraus und konkretisiert sie zum Begehren.

Hier bringt Luther nun eine stillschweigende Korrektur an Paulus an. Askese ist kein gangbarer Weg. Natürlich: Wenn du vollkommen sein willst, dann gib alles, was du hast, den Armen. Wenn du vollkommen sein willst, dann züchtige deinen Leib und töte die sexuellen Begierden ab. Aber da auch der Christ noch der alte Adam ist, stellt das keine konkrete Lebensmöglichkeit dar. Die Libido beherrscht den ganzen Menschen. Und deshalb löst die Triebunterdrückung das Problem nicht. Mit unserer Triebstruktur sind wir an die Erbsünde gefesselt.

Die Ehe ist die christliche Lösung des Problems der Sexualität, nicht Askese oder Enthaltsamkeit. Die Möglichkeit, weder zu heiraten noch Unzucht zu treiben, reserviert Luther für die wenigen, die mit einer besonderen Gnade begabt sind. Für alle anderen gilt, was schon Paulus sagte: sie sollen nicht brennen. Denn das sexuelle Begehren liegt in der Natur des Menschen und entspricht dem berühmten Gottesgebot aus Genesis 1,28: Seid fruchtbar und vermehrt euch. 1522 schreibt Luther vom ehelichen Leben: *Freilich ists wahr, dass der huren muss, der nicht ehelich wird. Wie sollts anders zugehen, sintemal Gott Mann und Weib, sich zu besamen und zu mehren geschaffen hat? Warum kommt man aber der Hurerei nicht mit der Ehe zuvor?* Wenn Sexualität Sünde ist, dann wird sie in der Ehe begnadigt.

Der Weg, den Luther in seinem Leben mit der Libido zurücklegt, beginnt also in der Mönchszelle, in der sich während des Betens die fleischlichen Gelüste melden. Und er endet im Ehebett mit Katharina von Bora, in dem er seine Hände auf bestimmte Teile ihres Körpers legt und damit den Teufel besiegt. Wir können deshalb durchaus dem Dominikaner Heinrich Denifle folgen, der Luther als vom Dämon der Sexualität besessen entlarven wollte. Wir drehen nur das wertende Vorzeichen um. Luthers Größe liegt gerade auch darin, dass er die Macht der Sexualität anerkennt. Sie ist der spektakulärste Schauplatz seines lebenslangen Kampfs mit dem Teufel. Oder um es mit Nietzsche zu sagen: „Luthers Verdienst ist vielleicht ins nichts größer als gerade darin, den Mut zu seiner Sinnlichkeit gehabt zu haben".

Die Wirklichkeit des Teufels

An Luthers Umgang mit dem Problem der Sexualität kann man am besten ablesen, wie seine Strategie einer Umwertung der Versuchung funktioniert. Wir können von den Versuchungen nicht frei werden, aber wir können sie bestehen – mit Gottes Hilfe. Die Anfechtungen kommen nämlich genau so von außen wie die Gnade. Und damit sind wir wieder bei der Luther-Formel simul iustus et peccator. Ich bin gleichzeitig Sünder und gerechtfertigt.

Die Versuchungen und Anfechtungen haben nach Luther drei Quellen: das Fleisch, die Welt und den Teufel. Fleisch, das sind die bösen Lüste der menschlichen Natur, der alte Adam in uns. Welt, das meint Hass und Neid, Gewalt und Unrecht, Stolz und Ruhm. Und da ist schließlich der Teufel, der uns vom Glauben abbringen will. Das tut er zum Beispiel mit der Theodizee-Frage, also der Frage, warum es das Böse in der Welt gibt, obwohl Gott sie doch gut gemacht hat. *Die schwersten Anfechtungen sind, wenn der Teufel uns dahin bringt, dass wir nach den Ursachen des Wohlergehens und des Unglücks forschen.*

Es gibt äußere Anfechtungen wie die Wollust, die Krankheit oder die Armut. Aber es gibt eben auch innere Anfechtungen wie die Verzweiflung. Der Teufel macht traurig und mutlos. Wie soll man damit umgehen? In einem Brief an Hieronymus Weller vom 19. Juni 1530 sagt Luther sehr schön: Wenn dir böse Gedanken einfallen, so musst du sie wieder ausfallen lassen. Der Erfolg im Kampf mit dem Teufel hängt daran, *dass man diese Gedanken nicht beachtet, sie nicht erforscht oder ihrem Inhalt folgt, sondern sie wie das Zischen einer Gans verachtet und daran vorübergeht*. Aber gerade auch am scheinbaren Gegenpol der Verzweiflung, im Behagen des erfolgreichen, selbstzufriedenen Lebens, fällt man dem Teufel leicht zum Opfer. Keine Anfechtungen zu haben, ist nämlich die größte Anfechtung, denn dann sieht man seine eigene Not nicht. Das Wirken des Teufels zeigt sich also vor allem auch in der Blindheit, dass wir uns in seiner Gefangenschaft für frei, gesund und glücklich halten.

Nach Luther gibt es für den Menschen keinen eigenen Weg, sich dieser Anfechtungen und Versuchungen zu entziehen. Man kann nur

Gott bitten, dass er uns hilft, nein dazu zu sagen. Jeder Christ hat mit dem Teufel zu kämpfen. Jeder bekommt den Teufel zu fühlen. Aber die Frage ist, ob man ihm verfällt, das heißt ob man in die Versuchung einwilligt. Mit den Anfechtungen umgehen zu lernen, ist deshalb eine der wichtigsten Glaubensübungen. *Außer dem Kreuz und ohne Anfechtungen weiß niemand, was Glaube und wie kräftig er sei.*

Von den vielen Zumutungen, die der christliche Glaube für den modernen Menschen bereit hält, ist – neben der Jungfrauengeburt und der Auferstehung Christi – der Glaube an den Teufel sicher die härteste. Deshalb sind auch die evangelischen Theologen gerne bereit, den Teufel als mythische Gestalt preiszugeben. Und dass Luther so fest an den Teufel glaubte, ja gegen ihn handgreiflich wurde, erscheint diesen aufgeklärten Theologen als mittelalterlicher Rest im Seelenleben ihres Gründungsvaters. Aber auch hier behält Luther recht. Den Teufel kann man nicht entmythologisieren.

Wenn man unsere Welt nüchtern betrachtet, spricht vielleicht nicht sehr viel dafür, dass es einen Gott gibt. Aber es spricht sehr viel dafür, dass es einen Teufel gibt. Der Philosoph Helmuth Plessner hat einmal gesagt: „Mit der Wirklichkeit rechnen heißt mit dem Teufel rechnen." An den Teufel zu glauben ist deshalb der Realismus der Frommen. Und sie gewinnen mit diesem Glauben noch ein weiteres: Die Wirklichkeit des Teufels gibt den Frommen die Gewissheit von der Wirklichkeit Christi.

Nur ist der Teufel heute nicht so leicht zu erkennen. Er maskiert sich nämlich als Moralist und verführt uns mit seinem Kult des Gutmenschentums. Gerade deshalb ist man aber mit einer christlichen Moral auf einem gefährlichen Irrweg. Denn der Teufel selbst ist ja Moralist, und das gute Gewissen ist seine teuflischste Erfindung. Er blendet uns mit dem *Wahn der Gerechtigkeit durch das Gesetz*. Der Teufel bietet uns gleichsam die Position des guten Gewissens an, von der aus wir alle anderen Menschen anklagen und verurteilen können. Diese Verwandlung der Welt in ein Tribunal, in dem die Gutmenschen die Bösen zur Rechenschaft ziehen, hat der Philosoph Odo Marquard sehr sorgfältig untersucht. Was er Tribunalisierung nennt, ist das teuflische Ritual der Gutmenschen. Sie warnen, mahnen und klagen an, um das Gewissen zu sein, das sie nicht haben.

Das gute Gewissen ist eine Erfindung des Teufels, sagte schon Albert Schweizer. Und die Gutmenschen haben daraus ein gut florierendes Geschäft gemacht. Der Teufel tritt heute also gerade auch als Ethiker auf, der die Wut des Anklagens und Verfolgens entfesselt und die Religion der absoluten Humanität predigt. Damit zeigt er sich auf der Höhe der Zeit, denn durch nichts lassen sich moderne Menschen leichter verführen als durch humanitäre Versprechen. Der Teufel greift nicht mehr von außen an, sondern verlockt mit Frieden, Sicherheit und Solidarität.

In der Predigt über Lukas 11, 14-28 geht um die Austreibung eines bösen Geistes. Und Luther betont hier immer wieder, dass man den Teufel nicht in erster Linie leiblich, sondern geistlich bekämpfen muss; *denn in der Seele und im Herzen sitzt er viel fester als im Leibe.* Genau hier muss sich nun Luthers Umwertung der Versuchungen bewähren. Er deutet die geistlichen Anfechtungen als den Widerspruch des Teufels, der das Verständnis der heiligen Schrift gerade schärft. Der Teufel tritt nämlich gerne als Theologe auf. Er kennt die Heilige Schrift sehr gut. In Wladimir Solowjews Kurzer Erzählung vom Antichrist verleiht ihm die Universität Tübingen deshalb den Titel eines Ehrendoktors der Theologie. Und es zeugt von großartiger Weitsicht, dass Solowjew seinen Antichrist ein Buch schreiben lässt, das den Titel trägt „Der offene Weg zu Frieden und Wohlfahrt der Welt". Es ist die Gegenbibel.

Luthers Umwertung der Versuchungen funktioniert nun so: Es sind gerade diejenigen Anfechtungen des Teufels, die unser Herz und unsere Seele betreffen, die uns in die Bibel jagen. Wir können also die Anfechtungen als Unterweisungen verstehen. Der Teufel ist der Widerspruchsgeist, mit dem man ständig im Kampf liegen muss. Denn ohne Anfechtung gibt es kein rechtes Bibelverständnis. *Wenn wir einen solchen Teufel nicht haben, so sind wir nur spekulative Theologen.* Und der brillanteste spekulative Theologe ist eben der Teufel selbst. Er hat immer sehr gute Argumente, die wir nicht durch unsere eigene Vernunft entkräften können. Und das bedeutet: Hier hilft nur das Wort Gottes.

Der Teufel ist also nicht nur ein unerbittlicher Moralist, sondern auch ein großer Logiker. Als solcher verführt er zum wissenschaftlichen Gottesbeweis. Dann entzweit sich nämlich die Welt in das Lager der wissenschaftlich Aufgeklärten, die von Big Bang, Evolution und Projektion zu sprechen wissen, und in das Lager der frommen Ignoranten, die an Schöpfung, Jungfrauengeburt und Auferstehung glauben.

Für den Frommen nimmt die Versuchung durch den Teufel eine doppelte Gestalt an. Für die erste Gestalt der Versuchung steht die Formel „Gott als Illusion", die Sigmund Freud vor hundert Jahren noch taktvoll fragend vorgebracht hat und die von Richard Dawkins heute so vulgär wie erfolgreich vermarktet wird. Das ist die schlimmste Versuchung, denn sie richtet sich gegen den Glauben selbst. Papst Benedikt XVI. hat es deshalb als den Kern aller Versuchung bezeichnet, im Namen des Realismus und der tatkräftigen Verbesserung der Welt „Gott als Illusion beiseite zu lassen".

Und auch wenn der Teufel dem Menschen seinen Gott lässt, wird er ihm doch deutlich machen, dass es wichtigeres gibt als die Gottesfrage. Das ist die zweite Gestalt der Versuchung des Frommen: Gott als Privatsache. Dazu heißt es in Benedikts Jesus-Buch in aller wünschenswerten Klarheit: „Der Versucher ist nicht grob genug, uns direkt die Anbetung des Teufels vorzuschlagen. Er schlägt uns nur vor, uns für das Vernünftige zu entscheiden, für den Vorrang einer geplanten und durchorganisierten Welt, in der Gott als Privatangelegenheit seinen Platz haben mag, aber in unsere wesentlichen Absichten uns nicht dreinreden darf." Hier muss man natürlich aufpassen, dass die Kritik an der Auffassung, Gott sei nur Privatsache, nicht in politische Theologie umschlägt. Diese Gefahr vermeidet man am besten mit Luthers Zwei-Reiche-Lehre. Ich komme noch ausführlich darauf zurück.

Der Fall Kohlhaas

Was auch immer das Dogma von der Erbsünde sonst noch besagen mag – zentral ist jedenfalls die Aussage, dass der Mensch von Natur aus böse ist. Und deshalb braucht er Autorität. Man kann zu diesem Ergebnis aber auch ganz untheologisch, nämlich durch eine rein anthropologische Überlegung kommen. Der Mensch ist in einer feindlichen Welt, in der er ums Überleben kämpfen muss, stets gefährdet. Und deshalb wird er selbst gefährlich für die anderen. Und deshalb ist er herrschaftsbedürftig. Diese Herrschaft wird zunächst einmal vom Vater, beziehungsweise den Eltern, ausgeübt. Sowohl in der Weltgeschichte als auch in der Lebensgeschichte des Einzelnen tritt dann an die Stelle des Vaters zunehmend der Staat. Nicht umsonst spricht man vom „Vater Staat". Doch wie kann man diese Herrschaft legitimieren? Für einen Theologen ist die Antwort klar: nur durch Gott, der selbst die höchste Herrschaft ausübt und den weltlichen Herrschern ihr Amt verleiht. Gerade dadurch aber wird die Herrschaft ehrwürdig.

Wenn Luther also vom Vateramt spricht, dann meint er den leiblichen Vater, den Hausvater genau so wie den Landesvater und den geistlicher Vater. Und alle sollen wir ehren! Nach den ersten drei rein auf Gott bezogenen Geboten heißt das vierte Gebot ja: Du sollst deinen Vater und deine Mutter ehren. In der Hierarchie des Heiligen folgen sie also unmittelbar auf Gott. Dem entspricht genau, dass wir im Gebet aller Gebete schon mit dem ersten Wort Gott als Vater anrufen. Und so wie der Teufel versucht, uns gottvergessen zu machen, so versucht er auch, uns die eigenen Eltern vergessen zu lassen.

Dass man die Eltern ehren soll, signalisiert ihren majestätischen Rang. *Denn Ehren ist ein viel höheres Ding als Lieben*, weil es nicht nur die Liebe sondern auch die Demut umfasst. Man kann an den eigenen Eltern die Gottesliebe üben. Und so wie Eltern in ihrem majestätischen Rang Gott ähnlich sind, so ist die Obrigkeit – wir würden heute eben sagen: der Staat – den Eltern ähnlich. Wer in der Welt Machtpositionen inne hat, bekleidet ein Vateramt. Eigentlich müsste man genauer sagen: den bekleidet ein Vateramt. Denn, wohlgemerkt, der Vater, die Mutter oder der Herr sind nicht von Natur aus majestätisch und ehrenwert, sondern weil das Gebot Gottes dazu kommt.

Nichts hat Luthers Lehre so sehr in Misskredit gebracht wie sein Lob der Obrigkeit. Ausgangspunkt ist der Römerbrief des Paulus 13,1f: „Jedermann sei untertan der Obrigkeit, die Gewalt über ihn hat. Denn es ist keine Obrigkeit außer von Gott; wo aber Obrigkeit ist, die ist von Gott angeordnet. Wer sich nun der Obrigkeit widersetzt, der widerstrebt der Anordnung Gottes". Obrigkeit muss hier als ein theologischer Begriff verstanden werden. Er bezeichnet die von Gott legitimierte weltliche Herrschaft. Obrigkeitliche Herrschaft auszuüben ist für Paulus und Luther also durchaus eine Art Gottesdienst. Das ist natürlich sehr erläuterungsbedürftig. Heute klingt das Wort Obrigkeit antiquiert, und in der Einheitsübersetzung der Bibel ist denn auch von staatlicher Gewalt die Rede. Im griechischen Original heißt sie ἐξουσία (exousia). Und gemeint ist bei Paulus und Luther die Verfügungsgewalt, die man durch ein Amt bekommt.

Die Obrigkeit hat die Aufgabe, die Frommen zu schützen und die Bösen zu strafen. Sie hat die Aufgabe, aus wilden Tieren Menschen zu machen. Deshalb führt sie das weltliche Schwert unbarmherzig, aber eben gerade aus Barmherzigkeit. Das setzt ein Unterscheidungsvermögen voraus, das Luther den Vielen, die er auch gerne den „Herrn Omnes" nennt, nicht zutraut. Das Lob der Obrigkeit hat also vor allem auch den Sinn, dem Aufruhr der Unterdrückten und Beleidigten, die das Recht selbst in die Hand nehmen wollen, jede Legitimation abzusprechen.

Damit hat Luther von Anfang an den Hass der Linken auf sich gezogen. Klassisch ist hier der Vorwurf von Ernst Bloch, „die Bauern zuerst verführt und dann verdammt zu haben". Was man Luther nämlich bis zum heutigen Tag nicht verzeiht, ist, dass er das Böse in den sozialrevolutionären Sekten gesehen hat. Wohlgemerkt, nicht der Ketzer soll bestraft werden, sondern der Aufrührer. Was Luther bekämpft, ist die revolutionäre Gewalt. Und das werfen ihm auch heute noch gerade diejenigen vor, die sonst gerne die Parole „Gewalt ist keine Lösung" rufen. Dabei entspricht Luthers Haltung durchaus der tiefsten messianischen Idee. Der Messias wendet nämlich keine revolutionäre Gewalt an, sondern er stellt nur das Entstellte zurecht. Und so will auch Luthers Reformation nur die Korrektur einer Deformation sein.

Die Kontroverse um die Berechtigung revolutionärer Gewalt hat in Kleists Novelle über Michael Kohlhaas eine leicht tendenziöse Darstellung gefunden. Tendenziös zumindest was das Bild Luthers betrifft. Wir wollen dennoch an diese Erzählung anschließen, da sie auch heute noch jedem Gymnasiasten vertraut sein sollte. Und kein geringerer als Franz Kafka hat in einem Brief an Felice Bauer vom 9. Februar 1913 geschrieben, es sei „eine Geschichte, die ich mit wirklicher Gottesfurcht lese".

Hier in aller Kürze das Wesentliche. Kohlhaas widerfährt Unrecht. Die Rechtslage ist völlig klar. Er ist gekränkt und will Genugtuung. Aber er findet kein Gehör bei der Obrigkeit, die ihn doch eigentlich schützen sollte. So nimmt er das Recht in die eigene Hand und glaubt damit, Gottes Gerechtigkeit selbst zum Sieg zu führen. Sein Rechtsgefühl macht ihn zum Mörder. Er fühlt sich aber als heiliger Krieger. Der für uns entscheidende Höhepunkt der Novelle liegt nun in einer Begegnung des Tugendterroristen Kohlhaas mit dem von ihm tief verehrten Reformator Martin Luther. Das Ergebnis des Gesprächs ist für den Rebellen vernichtend. Luther sagt ihm zwar zu, sich beim Landesherrn für eine gnädige Regelung des Falles Kohlhaas einzusetzen. Aber er verweigert ihm das Abendmahl, also die Versöhnung mit Christus. Als Christ hätte Kohlhaas das Unrecht erleiden und seinem Feind vergeben müssen. Aber er will sein Recht erzwingen, seinen Anspruch durchsetzen. Er kann nicht vergeben. So jedenfalls erzählt Kleist die Geschichte.

Michael Kohlhaas hieß eigentlich Hans Kohlhase, und Luther hat ihm am 8. Dezember 1534 einen Brief geschrieben, der seine Kritik der revolutionären Gewalt sehr einfach begründet. Selbstrichten, also das Recht in die eigenen Hände nehmen, ist unrecht. Und *Unrecht wird durch anderes Unrecht nicht zu Recht gemacht.* Wie ein Kommentar zum Fall Kohlhase liest sich aber auch schon eine Passage aus dem Magnificat verdeutscht und ausgelegt von 1521: *Es nimmt ein Reiter einem Bürger sein Gut, und du brichst mit einem Heere auf, das Unrecht zu strafen, brandschatzest das ganze Land: Wer hat hier mehr Schaden getan, der Reiter oder der Herr? – Wolltest du aber deswegen schreien, wüten, toben und alle Welt erwürgen, weil dir solch Recht genommen oder gedrückt würde? Wie etliche tun, die in den Himmel rufen, allen Jammer anrichten, Land und Leute verderben, die Welt mit Kriegen und Blutvergießen erfüllen?*

Um hier kein Missverständnis aufkommen zu lassen: Kohlhase / Kohlhaas ist im Recht. Aber indem er sich zum Rechtsmärtyrer stilisiert, verfällt er der „Hybris der Negation". Der Stolz, der Rigorismus verdirbt ihn und macht ihn blind. Deshalb ist er, wie es schon in dem berühmten ersten Satz der Erzählung von Kleist heißt, „einer der rechtschaffensten zugleich und entsetzlichsten Menschen seiner Zeit."

Bei aller Sympathie für Kohlhaas hat auch ein aufrechter Linker wie Ernst Bloch sehr klar gesehen, dass sich hier ein Rechtsanspruch zur Neurose ausgewachsen hat und der Querulant zum Fanatiker wird. Sein Fazit: „Kohlhaas ist der Immanuel Kant der Rechtslehre – als Don Quichotte."

Der wirkliche Luther hat Kohlhase keineswegs so barsch absterviert, wie Kleists Erzählung auch heute noch Schülern weismacht. Um sich davon zu überzeugen, genügt schon die Lektüre des gerade erwähnten Briefs. Darin bezieht sich Luther auf den Römerbrief 12,19ff, wo Paulus uns ermahnt, dass wir uns nicht selbst rächen, sondern das Böse mit Gutem überwinden sollen. Unmittelbar danach folgt dann der berühmte Satz über die von Gott angeordnete Obrigkeit. In diesem Sinne betont Luther immer wieder, dass man lieber Unrecht leiden als das Recht in die eigene Hand nehmen soll. Seine Reformation schließt die Revolution aus. Doch wohlgemerkt: Der Gehorsam gegenüber der Obrigkeit erträgt Unrecht, aber er billigt es nicht. An keiner Stelle rechtfertigt Luther das Unrecht der Obrigkeit, so wie es Kohlhase erlitten hat.

Für den Gehorsam gegenüber der Obrigkeit gibt es nur eine, allerdings entscheidend wichtige Grenze. Wenn der Gehorsam gegenüber der weltlichen Macht zum Ungehorsam gegen Gott führen würde, ist Widerstand erlaubt, ja geboten. Es gibt also bei allem Gehorsam gegenüber der Obrigkeit doch noch einen *höheren Gehorsam*, nämlich gegenüber Gott. In den Tischreden heißt es dazu: *Ein Christ ist durch einen doppelten Gehorsam gebunden: gegen Gott und gegen seinen Fürsten. Und dieser zweifache Gehorsam wird nur aufgelöst, wenn der Fürst befiehlt, was gegen Gott ist. Denn dann muss man Gott mehr gehorchen als dem Menschen.*

Obrigkeit wird genau da zur Tyrannis, wo sie mir den Glauben nehmen will. Deshalb ist für Luther eine Obrigkeit, die gegen Gott steht, eigentlich gar keine Obrigkeit mehr. Aber auch hier, wo dann Widerstand gegen die Obrigkeit geboten ist, dürfen Christen nur eine Waffe führen: das Wort. *Denn der Obrigkeit soll man nicht mit Gewalt widerstehen, sondern nur mit Bekenntnis der Wahrheit.* Luther lehnt deshalb den Tyrannenmord ab. Und hier hat er ein schwaches und ein starkes Argument. Das schwache Argument lautet, der Tyrann könne sich ja bessern und sei vielleicht durch das Wort belehrbar. Das starke Argument aber geht dahin, dass mit der Billigung des Tyrannenmords der Willkür Tür und Tor geöffnet werden. Denn wer soll entscheiden, welcher Herrscher Tyrann ist und welcher nicht?

Der Soziologe Max Weber hat Offenbarung und Schwert einmal „die beiden außeralltäglichen Mächte" genannt. Über die Außeralltäglichkeit der Offenbarung müssen wir hier kein Wort verlieren. Aber es erstaunt zunächst, dass Weber dem Schwert, also der Gewalt des Staates, die gleiche Qualität zuspricht. Das Schwert verteidigt Recht und Gesetz, Sitte und Gewohnheit. Mit dem Schwert des Gesetzes erzwingt die Obrigkeit bei den Vielen eine äußerliche Frömmigkeit. Oder einfacher gesagt: Sie sorgt für Ruhe und Ordnung.

Dabei macht sich Luther keinerlei Illusionen über die Christlichkeit der Obrigkeit. Er glaubt nicht an den guten Herrscher. So heißt es 1523 in der Schrift von weltlicher Obrigkeit: *Und du sollst wissen, dass es von Anbeginn der Welt gar ein seltener Vogel ist um einen klugen Fürsten, noch viel seltener um einen frommen Fürsten. Sie sind im allgemeinen die größten Narren oder die ärgsten Buben auf Erden; weshalb man bei ihnen allezeit auf das ärgste gefasst sein und wenig Gutes von ihnen erwarten muss, besonders in göttlichen Sachen, die der Seelen Heil belangen.* Und in einem Brief an Spalatin vom 15. August 1521 schreibt Luther: *Denn ein Fürst und nicht bis zum gewissen Grade auch ein Räuber sein ist entweder nicht oder kaum möglich, und das um so weniger, je größer der Fürst ist.* Die Fürsten sündigen und tun Unrecht, aber immerhin führen sie das strafende Schwert aus Gottes Gewalt. Und genau das macht für Luther den entscheidenden Gegensatz zur Gewalt der aufrührerischen Bauern aus.

Jetzt wird deutlich, wie der Fall Kohlhase im Sinne Luthers zu Ende interpretiert werden muss. In der Rechtsordnung dieser Welt kommt niemand zu seinem Recht, denn die Gerechtigkeit ist durch die Sünde entmächtigt worden. Deshalb müssen wir gleichsam als Ersatz die Rechtfertigung der faktischen Macht akzeptieren. Man kann es auch so sagen: Auf der Suche nach der verlorenen Gerechtigkeit stößt der Mensch auf die Wirklichkeit der Macht und heißt sie rechtens. Denn damit hat man immerhin einen Pakt zwischen Recht und Macht geschlossen, der den Frieden garantiert. Genau das hat auch der Rechtsphilosoph Friedrich J. Stahl mit dem Satz gemeint, der Sündenfall habe das Ethische in die äußerliche Zwangsmacht verwandelt, die wir Recht nennen.

Die Lehre von den zwei Reichen

Für Fragen der Macht und der rechtlichen Organisation hat sich Luther zwar nie wirklich interessiert. Aber seine Anerkennung der Obrigkeit als gottgewollt hat einen für die Neuzeit entscheidenden Nebeneffekt. Sie setzt die Politik autonom. Wir können auch sagen: Luther liefert die religiöse Begründung für die Souveränität des modernen Staates. Der Kirchenrechtler Rudolf Sohm resümiert: „Das Mittelalter ist zu Ende. Der mündig gewordene Staat löst sich von der Oberherrschaft der Kirche. Er fühlt die Kraft seiner Gliedmaßen. Er erkennt und ergreift die ihm gesetzte Aufgabe, die höchste irdische Gewalt zu sein. Die moderne Souveränität des Staates ist geboren. Zunächst, zur Zeit des ausgehenden Mittelalters, in Widerspruch mit den Lehren der Kirche. Die Reformation, und zwar gerade die lutherische Reformation ist es gewesen, welche hier den Umschwung der geistlichen Gedanken herbeiführte und damit die bereits begonnene politische Entwicklung vollendete. Sie lehrte die souveräne Unabhängigkeit des Staates von der geistlichen Gewalt als religiöse Forderung begreifen".

Und damit sind wir bei Luthers Zwei-Reiche-Lehre. Sie gibt den Startschuss zu einer Entwicklung, die Soziologen dann als Ausdifferenzierung der sozialen Systeme bezeichnet haben. Max Weber spricht in diesem Zusammenhang von „der Tatsache, dass wir in verschiedene, untereinander verschiedenen Gesetzen unterstehende Lebensordnungen hineingestellt sind". Gemeint ist also, dass Religion, Staat, Wirtschaft und Wissenschaft sich nicht mehr störend dazwischen kommen. Indem Luther die Eigenart des christlichen Glaubens herausarbeitet, entlässt er die sozialen Systeme in ihre Autonomie. Besonders aktuell ist dabei Luthers Kampf gegen jede Form von religiöser Politik. Es gibt keine Kooperation zwischen dem Staat und dem Reich Gottes. Insofern verträgt sich die Lehre Luthers sehr gut mit der politischen Philosophie von Machiavelli und Thomas Hobbes. Wie der Staatsrechtler Carl Schmitt zeigen konnte, hat Hobbes die Reformation Luthers vom Politischen aus vollendet. Und man kann auch Ernst Blochs polemisch gemeinter Charakterisierung Luthers als „theologischer Machiavell" durchaus zustimmen.

Die Zwei-Reiche-Lehre gibt der Autonomie des modernen Staates also eine religiöse Begründung. Damit zerstört Luther das einheitliche Weltbild des Mittelalters. Aber er ermöglicht zugleich auch ein völlig neues Denken. Denn jetzt kann man Entzweiung und Entfremdung positiv sehen. Die Positivierung der Entzweiung zeigt sich darin, dass sich der Christenmensch als Bürger zweier Welten versteht. Er lebt ja in dieser Welt, hat aber jetzt schon Anteil am Reich Gottes. Und entsprechend wird Entfremdung zum Nicht-von-dieser-Welt-Sein positiviert. Das Christentum lehrt die Entfremdung von dieser Welt. Und deshalb sagt Kierkegaard zurecht: „der Begriff ‚Christ' ist ein polemischer Begriff".

Wenn wir den neuen, großen Gedanken, zu dem Luther hier durchdringt, auf eine Formel bringen wollten, könnte wir von der Geburt der Freiheit des Christenmenschen aus der Entfremdung des natürlichen Menschen sprechen. Unter dem Stichwort Erbsünde haben wir ja gerade diskutiert, wie wir unser Leben lang mit den Anfechtungen und Versuchungen sexueller und geistlicher Art zu kämpfen haben. Wer den theologischen Begriff scheut, könnte hier von unserem biologischen Erbe sprechen. Es kommt also alles darauf an, dazu Distanz zu schaffen. Wir sind zwar von den Rousseauisten, Marxisten und anderen Romantikern daran gewöhnt worden, den Begriff Entfremdung mit einem negativen Vorzeichen zu versehen. Aber in Wahrheit kann dem Menschen gar nichts Besseres passieren, als seiner Natur entfremdet zu werden. Erst Hegel hat diese tiefe Einsicht Luthers dann wieder erreicht. Die „wahre ursprüngliche Natur" des Menschen entsteht aus der „Entfremdung des natürlichen Seins".

Das lateinische Wort für die positivierte Entzweiung lautet simul, also gleichzeitig. Ich bringe hier einmal die lateinische Gesamtformel Luthers: *Sic homo Christianus simul iustus et peccator, sanctus, profanus, inimicus et filius Dei est.* Zu Deutsch: Der Christenmensch ist gleichzeitig gerechtfertigt und Sünder, heilig und profan, Feind Gottes und Sohn Gottes. Er lebt also eine Doppelexistenz in zwei Reichen. So wie Christus Gott und Mensch in einer Person ist, so bin ich Leib und Seele in einer Person. Aber der Christenmensch verdoppelt seine Existenz auch in Amt und Person. Ich soll zugleich Gott und der Welt genug tun. Ich soll dem Übel zugleich widerstehen und nicht widerstehen. Die Werke sind zugleich zu verwerfen und zu fordern. Die Obrigkeit gilt es zugleich zu loben und zu tadeln.

Die Begründung für diese Doppelexistenz des Christen in den zwei Reichen ist einfach: Das alte und das neue Sein existieren nach Luther gleichzeitig im Menschen. Mein neues Sein ist entweltlicht, es ist ein Sein-in-Christus. Ein neuer Menschen bin ich also nur vor Gott und im Glaubensgehorsam. Aber gleichzeitig gilt: Ich sündige ständig und brauche ständig die Vergebung. Als Sünder lebe ich auf der Erde, aber vor Gott bin ich gerechtfertigt. Als natürlicher Mensch bin ich der Sünde verfallen, als Christ finde ich aber einen gnädigen Gott. Als Sünder bin ich unfrei, als Christ bin ich frei.

Dieser antithetische Darstellungsstil kann dem Ungläubigen natürlich nur als widersprüchlich erscheinen. Aber er hat sich in verändertem terminologischem Gewand bei großen Denkern durchgehalten. Zwei Reiche sind es, wenn Blaise Pascal Mitte des 17. Jahrhunderts die Logik des Herzens von der Logik des Verstandes unterscheidet. Das Herz hat Gründe, von denen die Vernunft nichts weiß. Das führt aber nicht zu einer Verdammung der Vernunft, sondern zu ihrer rechten Einordnung. „Unterwerfung und Anwendung der Vernunft: – darin besteht das wahre Christentum." Pascals Vernunft ist also vernünftig genug, sich selbst zu begrenzen, um dem Herzen als Organ des Glaubens Platz zu schaffen.

In der zweiten Hälfte des 18. Jahrhunderts lebt auch Kants Mensch in zwei Welten. Seine Unterscheidung des intelligiblen Charakters vom empirischen Charakter haben wir ja schon erwähnt. Anthropologisch betrachtet ist der Mensch nur ein empirischer Charakter, für den es keine Freiheit gibt. Aber zugleich hat er auch einen intelligiblen Charakter, der ihn frei und spontan handeln lässt. Nur deshalb ist es möglich, dass wir einem Täter seine Handlung zurechnen. Nur deshalb kann er Schuld haben. Allerdings geht es bei Kant nicht mehr um die Freiheit eines Christenmenschen. Bei ihm ersetzt die Moralität das Reich Gottes. Wie für Luther ist auch für Kant der Mensch Bürger zweier Welten. Aber die „andere Welt, die wir nicht kennen", heißt bei Kant eben nicht Reich Gottes, sondern das „Reich der Sitten."

Und um die Wende zum 20. Jahrhundert kehrt Luthers Zwei-Reiche-Lehre bei Max Weber in der Unterscheidung von Gesinnungsethik und Verantwortungsethik wieder. Die Gesinnungsethik erreicht ihr Extrem in der absoluten Ethik des Evangeliums, nämlich der Bergpredigt. Sie ist unbedingt und fragt nicht nach den Folgen. Die Verantwortungsethik erkennt an, dass Gewalt das Mittel der Politik ist und der Politiker einen Pakt mit diabolischen Mächten schließen muss. Wer Politik betreibt, gerät in Teufels Küche. So steht dem „Gott der Liebe" der „Dämon der Politik" in unaustragbarem Kampf gegenüber. Der Gott der Liebe fordert, dass du dem Übel nicht mit Gewalt widerstehen sollst. Der Dämon der Politik aber fordert genau das Entgegengesetzte: Du sollst dem Übel mit Gewalt widerstehen, wenn du nicht für die schlimmen Folgen verantwortlich sein willst. Wenn man dir auf die eine Backe schlägt, hältst du auch die andere hin? Hast du keinen Stolz?

Es muss jeden Christen schmerzen, wenn er bei Weber liest, dass die Bergpredigt eine Ethik der Würdelosigkeit sei. Aber wenn man genauer liest, sieht man, dass Weber dieses harsche Urteil einschränkt. Es heißt nämlich: die Bergpredigt ist eine „Ethik der Würdelosigkeit – außer für einen Heiligen." Du kannst Dein Leben an der Bergpredigt orientieren, wenn du lebst wie Jesus, Paulus oder Franz von Assisi. Aber wer kann das schon. Nüchtern betrachtet, muss man sagen, dass die Bergpredigt eigentlich etwas Unmögliches fordert. Sie ist ein Skandal für die Welt und kann deshalb auch niemals zur Richtschnur innerweltlichen Handelns werden.

Doch Luthers Zwei-Reiche-Lehre löst das Problem der Bergpredigt. Mit der Bergpredigt ist zwar eigentlich kein Staat zu machen. Die Zwei-Reiche-Lehre ermöglicht es aber, an der Bergpredigt im vollen Umfang festzuhalten, ohne zum Schwärmer zu werden. In seinem Buch über Luthers Lehre von den beiden Reichen schreibt Franz Lau: „Aus dem Ringen des Schriftauslegers um die Bergpredigt und ihrer Aufforderung zum Leiden und Tragen und um die Realitäten der Welt, in der gestraft und zurechtgewiesen und gezüchtigt werden muss – und diese Realitäten kommen in der Schrift auch zur Aussprache –, ist Luthers Zweireichelehre entstanden." Luthers Lehre bringt also die Bergpredigt und das Leben in den gesellschaftlichen Zwängen unter einen Hut. Der Christ muss dem gesellschaftlichen Funktionszusammenhang genau so gerecht werden wie seinem Sein „vor Gott". Und ein Theologe könnte sagen: Der Systemfunktionalismus, mit dem die Soziologie heute das weltliche Reich beschreibt, ist das Kleid des Christen in der Welt.

Im weltlichen Reich geht es immer um Herren und Knechte, um den Willen zur Macht und die Macht der Begierde. Es ist das Reich des Zorns, in dem das Schwert des Staates regiert. Luther nennt diese Welt auch das Reich mit der linken Hand. Die Aufgabe, die sich dem Christen hier stellt, besteht im Kampf gegen die Sünde. Im Reich Gottes dagegen regiert das Wort. Es ist das Reich der Gnade und der Vergebung der Sünden. Der Christ hat daran teil in der Erfahrung, dass Gott ein Vater ist, der vergibt. Doch damit das Wort Gottes die Welt verändern kann, muss der Staat Sicherheit und Ordnung gewähren. Das Wort setzt Ruhe und Ordnung voraus. Vielleicht braucht der Staat ja keine Christen. Aber das Wort braucht den Staat.

Luther erkennt in seiner Zwei-Reiche-Lehre, dass es eine große Kunst ist, die beiden Welten des Evangeliums und der Politik zu unterscheiden. Das eigentliche Problem hat nicht der Priester, der sich nur aus der Politik heraus halten muss. Auch nicht der atheistische Politiker, der die Frommen verachtet. Das eigentliche Problem hat vielmehr der Regierende, der auch christlicher Fürst sein will. Denn er muss die Erfahrung machen, dass Brüderlichkeit und Solidarität nicht die Grundlage der Gesellschaft sein können. In dieser Welt herrscht das Mosaische Gesetz. Deshalb trennt Luther scharf zwischen christlicher Liebesgemeinschaft und politischer Organisation. Und das entspricht exakt dem Sachverhalt, dass in der Jesus-Predigt jede sozialpolitische Dimension fehlt. Dieses Fehlen muss man aber positiv deuten. Es entlässt die Politik und die Gesellschaft aus dem Bezirk des Heiligen.

Es gibt also zwei Reiche, die in ständigem Kampf miteinander stehen. In dem einen Reich herrscht der Teufel, der im Johannesevangelium der Fürst dieser Welt genannt wird. In dem anderen Reich herrscht Christus. Alle Menschen leben unter der Herrschaft des Fürsten dieser Welt – *doch mit Unterschied*. Denn die einen geben sich ihren bösen Neigungen hin, die anderen kämpfen ständig dagegen an. Obwohl jeder Mensch Sünder ist und bleibt, hat er nämlich doch die Möglichkeit, *in sich selbst gegen des Teufels Reich* zu kämpfen. So viel freien Willen hat jedermann: sich nicht einfach gehen zu lassen.

Beide Reiche stehen unter dem Regiment Gottes. Zum einen regiert er geistlich durch das Wort. Das betrifft die frommen Christen. Sie leben schon im rechten Reich. Zum anderen regiert Gott leiblich durch das Schwert. Das betrifft die Ungläubigen, die das Wort nicht erreicht. Sie müssen deshalb genötigt werden, dem Gesetz zu gehorchen. Das heißt, sie müssen der weltlichen Gerechtigkeit unterworfen werden. Wie schon erwähnt, nennt Luther diese Welt des notwendigen Zwangs das *Reich zur linken Hand*. Hier gilt es, die Bösen zu strafen und die Guten zu schützen. Und weil die Menschen hier vom Wort Gottes nicht erreicht werden, ist es Aufgabe der Vernunft, für Ordnung zu sorgen.

Dass die beiden Reiche streng voneinander getrennt sind, heißt aber nicht, dass es zwischen ihnen keine Beziehung gäbe. Das geistliche Reich schneidet gewissermaßen in das weltliche Reich hinein. So kommt es bei Luther zu einer eigentümlichen Verschränkung der doch so streng unterschiedenen Reiche. Um das zu verstehen, müssen wir von einer spezifisch christliche Erfahrung ausgehen, die da lautet: Die Welt ist für mich kein schön geordneter Kosmos, sondern eine

Fremde. Der Christ als Christ ist nur ein Fremdling in dieser Welt. Aber gleichzeitig braucht und gebraucht er diese Welt. Wie diese eigentümliche Verschränkung der beiden Reiche konkreter zu denken ist, verdeutlicht Luther an einem harmlos klingenden griechischen Wort, das bei Paulus aber allergrößte Bedeutung erlangt: ὡς μὴ (hos mä). Zu Deutsch: als-ob-nicht. Im 1. Korintherbrief 7,29ff heißt es: „Fortan sollen auch die, die Frauen haben, sein als hätten sie keine; und die weinen, als weinten sie nicht; und die sich freuen, als freuten sie sich nicht; und die kaufen, als behielten sie es nicht; und die diese Welt gebrauchen, als brauchten sie sie nicht."

Doch was soll das heißen: die Welt gebrauchen, als ob wir sie nicht brauchten? So wie Christus sich nicht um Politik und Wirtschaft kümmert, so hat auch der Christ als Christ *keine Beziehung zum öffentlichen Leben*, obwohl er als Staatsbürger natürlich sehr wohl auf die Gesetze dieser Welt verpflichtet bleibt. Christus und das Evangelium kümmern sich nicht um die Angelegenheiten dieser Welt. Gebt dem Kaiser, was des Kaisers ist! Vor das ganze äußerliche, zeitliche Leben setzt der Christ ein Vorzeichen: das Kreuz.

Gib dem Kaiser, was des Kaisers ist, denn es ist nicht der Rede wert. Dieses Paulus-Motiv hat der Judaist und Philosoph Jacob Taubes sehr prägnant herausgearbeitet. Er geht dabei von der gerade erwähnten Stelle des ersten Korintherbriefs aus: Die Zeit ist kurz und das Wesen dieser Welt vergeht. Verhaltet euch zu allem Weltlichen, als ob es nicht wäre, und seid ohne Sorge. Was Taubes hier unterstreicht, ist, dass nichts in der Welt wirklich wichtig ist. Die Welt wird damit aber nicht entleert, sondern nur entwertet. Paulus ruft die Gläubigen gerade nicht zur Weltverantwortung, sondern zur „Weltlockerung". Wir sollen als Gläubige nicht die sozialen und politischen Probleme der Welt lösen, sondern unser Verhältnis zu ihr lockern.

Das ist eine ganz entscheidende Dimension der Freiheit eines Christenmenschen. Die christliche Freiheit des „als ob nicht" schafft Distanz, Weltlockerung und Gelassenheit. Der Begriff Gelassenheit hat dann in der Philosophie Martin Heideggers Karriere gemacht. Und obwohl Heidegger sich immer wieder dagegen verwahrt hat, als christlicher Philosoph verstanden zu werden, leitet sich sein Begriff der Gelassenheit eindeutig vom Paulinischen „als ob nicht" ab. Gemeint ist die „Haltung des gleichzeitigen Ja und Nein" zur Welt. Wir nehmen die Dinge der Welt so in Gebrauch, wie sie genommen werden müssen, aber doch so, dass wir sie jederzeit loslassen können. Mit anderen Worten, wir behandeln die Dinge dieser Welt „als etwas, was uns nicht im Innersten und Eigentlichen angeht."

Der neben Karl Barth bedeutendste evangelische Theologe des 20. Jahrhunderts, Rudolf Bultmann, hat nicht nur bei Heidegger studiert, sondern auch seine gesamte Theologie auf der Grundlage von Heideggers Denken entwickelt. Und dabei spielt die Deutung des „als ob nicht" als Gelassenheit eine Schlüsselrolle. Man könnte auch mit Kierkegaard von Humor, oder mit Taubes von Weltlockerung sprechen. Entscheidend ist, dass sich der Christ der weltlichen Einrichtungen nur „in der Distanz des ‚als ob nicht'" bedient. Und das gilt auch für diejenigen weltlichen Einrichtungen, die man Wissenschaften nennt. Und so fordert Bultmann die Christen auf, sich nicht gegen die Erkenntnisse der Wissenschaft zu verschließen. Aber wir sollen eben auch die moderne Wissenschaft haben als ob nicht!

Die christliche Existenz lebt also in der Welt, aber nicht von der Welt. Sie gehört dieser Welt nicht. „Sein im ὡς μή", Sein im Als-ob-nicht – so definiert Bultmann die eschatologische Existenz. Eschatologie nennt man die Lehre von den letzten Dingen, das heißt vom Ende der Welt. Aber wie dieses Ende aussieht, stellt sich seit Paulus und Luther ganz anders dar als in den apokalyptischen Katastrophenvisionen. Die eschatologische Existenz muss nicht aus der Welt fliehen, sondern kann ihr in Liebe dienen. Denn an die Stelle des kosmologischen Endes der Welt tritt das existenzielle Ende der Welt. Ich lebe entweltlicht in der Welt. Indem ich glaube, gehöre ich schon in dieser Welt der kommenden Welt an. Denn der Urteilsspruch Gottes, der mich rechtfertigt, steht nicht mehr aus, sondern ist schon gesprochen.

Luther zieht nun aus der Paulinischen Haltung des „als ob nicht" eine radikale Konsequenz: Die Askese ist die falsche Form der eschatologischen Existenz. Askese ist ja Übung im Verzicht. Und durch den Verzicht schafft der Asket eine Distanz zur Welt. Dieser Asketetechnik stellt Luther die Distanz des „als ob nicht" entgegen. Er kritisiert die Askese als die Gewalt, die mich zum Nichtsündigen zwingt und mir dadurch die Kraft raubt. Und dabei kann er sich durchaus auf Jesus berufen, der eben kein Asket war. Im Matthäusevangelium 11,19 sagt er über sich selbst: Der Menschensohn ist gekommen, isst und trinkt. Und die Menschen nennen ihn gar Fresser und Weinsäufer. Dass auch heute noch viele Deutsche eher gemütlich als puritanisch sind, verdanken sie Luthers Kritik der Askese. Wir dürfen Wein, Weib und Gesang lieben, weil *Gott Essen und Trinken im Glauben lieber hat als Fasten ohne Glauben.*

Diese Kritik der Askese klingt zunächst wie ein Trick zur Entlastung von der Mühsal eines verzichtreichen Lebens in selbstgewählter

Armut. Aber Luther sieht es genau umgekehrt. Nicht der Bürger in seinem Alltagsleben, sondern der asketische Mönch macht es sich zu leicht. Hinter den Klostermauern will er seine Ruhe haben. Der Mönch scheut also den Kampf mit der Welt. Er entzieht sich der weltlichen Pflichten. Und das ist der Kern von Luthers Kritik an Mönchtum und Askese: Der wahre Christ verlässt die Welt nicht.

An die Stelle der Mönchsaskese tritt bei Luther das Ertragen der Doppelexistenz. Wir haben die theologische Anthropologie Luthers ja schon kennen gelernt. Der Mensch hat zwei radikal einander entgegengesetzte Naturen, eine innerliche und eine äußerliche. Die Seele des neuen Menschen steckt in Fleisch und Blut des alten Adam. Und Gott will, dass wir in der Welt gegen unsere korrupte Natur kämpfen. Wohlgemerkt: in der Welt. Deshalb ist die Lebensaufgabe eines Christen viel schwieriger als die eines Asketen. Beide verneinen die Welt, aber doch auf höchst unterschiedliche Weise. Historisch können wir das so fassen: Erst hat die Kirche die Welt verneint. Als die Kirche sich dann an die Welt anpasste, hat das Mönchtum die Welt verneint. Seit Luther aber verneint der Christ, der seinem Beruf nachgeht, die Welt in der Welt selbst.

Hegel hat Luthers dialektische Wendung am besten charakterisiert: „der mönchischen Entsagung ist entsagt". An die Stelle der mönchischen Askese tritt nun die Pflichterfüllung im Beruf. Luther bezieht sich dabei auf eine Stelle im Buch Jesus Sirach 11,20: „steh fest in deiner Pflicht, und geh ihr nach, bei deinem Tun bleibe bis ins Alter!" Luther macht es sich und uns also nicht leicht mit dem geraden Weg des Asketen und Märtyrers. Vielmehr sollen wir den Weg in die Wirklichkeit gehen, indem wir einen Beruf ergreifen, eine Ehe schließen und der Gemeinschaft dienen. Das ist Luthers Bürgerlichkeit. Die Einübung ins Christentum erfolgt in Beruf, Ehe und Staat. In Dietrich Bonhoeffers Ethik heißt es dazu: „Die Rückkehr Luthers aus dem Kloster in die Welt, in den ‚Beruf' ist [...] der heftigste Angriff und Stoß, der seit dem Urchristentum gegen die Welt geführt worden ist." Das bedeutet aber auch, dass ein ganz normaler Bürger ein religiöses Leben führen kann. Das symbolisiert Luthers Hochzeit. Er beendet sein Dasein als Mönch und heiratet eine frühere Nonne – deutlicher kann man es nicht machen, dass die christliche Existenz in dieser Welt gelebt werden soll.

Am wichtigsten aber ist der Beruf. Und zwar gleichgültig welcher. Alle Anforderungen der Sittlichkeit können heruntergebrochen werden auf die Forderungen des Tages, die der Beruf an mich stellt. Wenn ich mit Luther den Beruf so verstehe, dass Gott mich in diesen

Dienst geordnet hat, dann ist für mich die Frage nach dem richtigen Leben im Alltag beantwortet. Ich kenne jetzt meinen Platz, denn ich habe die Gewissheit, dass hinter meinem Beruf der Ruf Gottes steht. So schreibt Paulus im 1. Korintherbrief 7,20: „Jeder bleibe in der Berufung, in der er berufen wurde." Im griechischen Original steht hier das Wort κλῆσις (kläsis), zu Deutsch: Ruf. Die Einheitsübersetzung bringt das Wort „Stand", und das macht deshalb Sinn, weil Paulus sich gleich darauf auf die Beispiele des Sklaven und des Freien bezieht. Aber Luther gewinnt eben etwas Entscheidendes durch seine Übersetzung mit „Berufung". Denn nun können wir den Ruf Gottes konkret als Aufruf zu unserem Beruf verstehen.

Gehorsam gegen Gott bedeutet, in dem Beruf zu bleiben, in den man gestellt ist. Einfacher gesagt: Akzeptiere deine Lebenslage! Vor Gott sind nämlich alle Berufe gleich. Und Beruf heißt immer auch, dass man nichts Besonderes, Übergebührliches tun, sondern einfach nur durchhalten muss. Genau wie in der Ehe und im politischen Leben leiste ich im Beruf meinen Beitrag zur geregelten Weltlichkeit. Als Christ nehme ich das Kreuz des Berufs und der Pflicht auf mich. Und das bedeutet im Wesentlichen, dass ich die Unannehmlichkeiten des Alltags durchhalten muss. Um es in aller Schärfe und mit Gerhard Nebel zu sagen: „Preußentum ist das den Alltag rettende Luthertum."

Spätestens jetzt wird meine Ausgangsthese wohl plausibler geworden sein, dass nämlich die Lebensaufgabe eines Christen viel schwieriger ist als die eines Asketen. Der Beruf ist ein Kreuz. Aber geht Luther nun so weit, dass er im Beruf, in den ich zufällig gestellt bin, einen Gottesdienst sieht? Dass das unmöglich ist, werden wir gleich an Luthers Kritik der Werkheiligkeit sehen. Wir müssen deshalb die Fragestellung anders fassen. Nicht die Arbeit des Berufs selbst ist Gottesdienst, sondern, dass ich sie gehorsam auf mich nehme. Das heißt aber, dass ich arbeite „als ob nicht". Und in dieser Haltung macht der Beruf die Transzendenz des Glaubens zur Erfahrung des Lebens in dieser Welt.

Es wäre also ein Irrtum, wenn man Luther so verstehen würde, dass er den Christen auffordert, sich im Beruf vor Gott zu bewähren. Denn in der Gewissheit, einen gnädigen Gott zu haben, gibt es prinzipiell keinen Platz für „Bewährung". Wir müssen nur die Forderungen des Tages in Ehe, Beruf und Staat erfüllen. Luther erweist sich hier durchaus als guter Psychologe. Denn wenn der Mensch etwas durch eigene Werke zu seiner Rechtfertigung beitragen könnte, müsste er immer in der schrecklichen Unsicherheit leben, nicht genug getan zu haben. Aber Luthers Gott ist eben kein Buchhalter unserer guten und bösen Werke. Und was wir gerade beim Thema Askese gelernt haben, bestätigt sich auch hier: Sittliche Virtuosenleistungen bringen nichts. Gott belohnt nämlich nicht die Leistung, sondern den Gehorsam.

Luthers Kritik der Werkgerechtigkeit, also der Vorstellung, man könnte durch gute Werke vor Gott gerechtfertigt werden, ist meist so verstanden worden, als ob die Reformation dem irdischen Leben des Christenmenschen seinen Wert genommen hätte. Aber die Kritik am Verdienstcharakter der guten Werke und die Unmöglichkeit einer Bewährung des Glaubens entleeren das Leben nicht. Deshalb verfehlt Walter Benjamin in seinem Buch über den Ursprung des deutschen Trauerspiels das Entscheidende, wenn er über die Reformation urteilt: „Etwas Neues entstand: eine leere Welt." Nein, nicht eine leere, sondern eine entwertete Welt entstand. Eine Welt, die von der christlichen Haltung „also ob nicht" bestimmt ist. Und das verträgt sich gut mit einer These des Philosophen Odo Marquard. Er hat die interessante Überlegung angestellt, dass Luthers Kritik an der Werkgerechtigkeit den Stolz auf die guten Werke ins Ästhetische vertrieben hat. Dort sind sie zu Kunstwerken geworden: schöne, statt gute Werke.

Doch was ist mit dem Wort „Werke" überhaupt gemeint? Es steht zunächst einmal für das, was außerhalb des Glaubens durch die Werke des Gesetzes geschieht. Aber viel wichtiger ist ein Zweites. Das Wort „Werke" steht für alle Leistungen, auf die der Mensch stolz ist und die ihn glauben machen, dass er nicht auf die Gnade Gottes angewiesen sei. Die Werke verführen also zur Selbstgefälligkeit und Eitelkeit. Ein Psychologe könnte sagen: Werkgerechtigkeit ist Narzissmus. Und ein evangelischer Theologe müsste sagen: Die Selbstsicherheit dessen, der etwas geleistet hat, entfernt ihn am weitesten von der Gottesfurcht und Demut.

Gute Werke und gerechte Handlungen machen uns nicht gerecht, wie noch Aristoteles meinte. Es ist bei Luther genau umgekehrt. Wenn wir gerechtfertigt sind, werden unsere Werke gut und unsere Handlungen gerecht. So heißt es in der Schrift von der Freiheit eines Christenmenschen: *Gute, fromme Werke machen nimmermehr einen guten, frommen Mann, sondern ein guter, frommer Mann macht gute, fromme Werke.* Erst kommt die Metanoia, die Umkehr, dann folgen die guten Taten. Deshalb muss am Anfang die Verzweiflung am eigenen Werk stehen.

Aber wohlgemerkt: Es gehört auch zu Luthers Kritik der Werkheiligkeit, dass auf den rechten Glauben gute Werke folgen. *Nicht dass du denkst: Ei, ich will dahinsterben, ohne etwas zu tun. Du musst sehen, dass du ein guter Christ seiest und mit Werken deinen Glauben beweisest.* Luther verwirft also nicht die guten Werke, sondern die Werkgerechtigkeit. Er zieht die Werke in den Glauben hinein. Wer fromm ist, tut nämlich gern gute Werke. Sie sind also kein Verdienst. Man kann es auch so sagen: Das gute Werk ist kein Verdienst vor Gott, aber ein Dienst am Nächsten.

Die Aktualität dieser Überlegungen liegt auf der Hand. Mehr denn je versuchen die Menschen heute, ihre Existenz durch gute Taten zu rechtfertigen – wenn nicht mehr vor Gott, so doch vor der Gesellschaft. Und genau so klar ist, was wir hier von Luther lernen müssten. Nicht der Egoismus sondern das Gutmenschentum der guten Werke ist die Versuchung des sich selbst suchenden und rechtfertigenden Ich. Günter Klein nennt das einmal sehr schön „die obszöne Selbsterhitzung an unseren Werken". Man muss an sich selbst und den eigenen Werken verzweifeln, um durchzustoßen zum Grund: dem Wort Gottes. Wenn es überhaupt einen Beitrag des Menschen zu seiner Rechtfertigung gibt, dann ist es die Selbstanklage. Der Gerechte klagt sich selbst an. Stattdessen neigen wir dazu, Gott oder die Gesellschaft anzuklagen, weil sie nach unseren Maßstäben ungerecht sind.

Die fremde Gerechtigkeit

So wie die guten Werke kein Verdienst sind vor Gott, so ist Gottes Gnade unverdient. Ist das nicht ungerecht? Die ganze Bibel ist voll von Geschichten, die das Gerechtigkeitsempfinden des natürlichen Menschen empören. Vom Problem der Erbsünde haben wir ja schon ausführlich gesprochen. Gleich darauf folgt die Geschichte der Brüder Kain und Abel, die beide Gott ein Opfer bringen. In Genesis 4,4 heißt es dann: Der Herr schaute auf Abel und sein Opfer, aber auf Kain und sein Opfer schaute er nicht. Für diese Ungleichbehandlung gibt es keinen Grund. Man kann allenfalls sagen, dass Gott Kain prüfen wollte, ob er über den Dämon der Sünde Herr werden könne. Aber Kain ist eifersüchtig, erschlägt Abel und wird verflucht. Was ist die Moral von dieser Geschichte?

In Genesis 22,1ff wird die Geschichte von Abraham erzählt, diesem Musterbild des Gehorsams, der ebenfalls von Gott auf die Probe gestellt wird. Im Gegensatz zu Kain besteht Abraham die Probe, indem er bereit ist, seinen geliebten, einzigen Sohn zu opfern. Wer könnte diesen Gehorsam verstehen? Genesis 27,21ff erzählt die Geschichte der Brüder Esau und Jakob. Der Jüngere, Jakob, erweist sich als Betrüger, der seinen Vater Isaak täuscht und seinen Bruder um das Erstgeburtsrecht und den Segen des Vaters prellt. Aber Segen ist Segen, und dem Esau bleibt nur die Auskunft Isaaks, er müsse sein Schicksal dulden und durchhalten. Es gibt wohl keine rührendere Stelle im Alten Testament als die Frage des Esau: Hattest du denn nur einen einzigen Segen, Vater?

In seinem Römerbrief zitiert Paulus aus der Schrift: „Jakob habe ich geliebt, aber Esau habe ich gehasst." Das ist die Demarkationslinie der göttlichen Gerechtigkeit. In menschlicher Sicht erweist sich Gott hier als ein Despot, als der absolute Souverän. Oder wie Theologen gerne sagen: als das ganz Andere. Und Paulus fragt, Römer 9,14: Was sollen wir nun hierzu sagen? Ist denn Gott ungerecht? Wie Paulus das von sich weist, klingt nicht überzeugend. Er kann im Grunde nur sagen, dass der Mensch mit Gott nicht rechten darf. Gerade weil man vor ihm immer Unrecht hat, ist die Liebe zu Gott absolut. Und das ist ja dann auch die Botschaft des Hiob-Buches. Hiob lebt untadelig, rechtschaffen und gottesfürchtig. Aber Gott lässt sich von Satan provozieren, Hiobs Glauben auf die Probe zu stellen. Und er entschließt sich, „ihn ohne Grund zu verderben" (Buch Hiob 2,3). Gott wird zum grausamen Feind seines treuesten Knechts.

Doch nicht nur im Alten Testament finden sich die Geschichten, die unser natürliches Gerechtigkeitsempfinden kränken. Das Matthäusevangelium 20,1ff erzählt von den Arbeitern im Weinberg, die dort unterschiedlich lange arbeiten, aber am Ende des Tages vom Gutsbesitzer alle den gleichen Lohn bekommen. Darüber beschweren sich nun einige. Der Gutsbesitzer hatte versprochen, jedem zu geben, was gerecht ist. Und nun leugnet er, mit der Gleichbehandlung aller Arbeiter Unrecht zu tun. Seine Begründung, die kaum von einem reinen Machtspruch zu unterscheiden ist, lautet: Kann ich mit dem, was mir gehört, nicht tun, was ich will?

Alle diese Geschichten haben eines gemeinsam. Wenn ein aufgeklärter Mensch sie vernunftgemäß betrachtet, dann erscheint Gott als ungerecht. Aber was wir aus ihnen lernen sollen, ist eben genau dies: Unverdient heißt nicht auch ungerecht. Es gibt kein gemeinsames Maß für die menschliche Gerechtigkeit und die göttliche Gnade. Göttliche Gerechtigkeit ist Vergebung. Und Richten heißt bei Gott eben nicht Recht sprechen. In dem Reich, das nicht von dieser Welt ist, gibt es kein Recht. Deshalb war und ist die Gnade für die Aufklärung ein Skandal. Die bürgerliche Welt kennt keine Sünde und deshalb braucht sie auch keine Gnade.

Doch was für den aufgeklärten Menschen ein Skandal ist, ist für den reuigen Menschen, der sich vor Gott als Sünder bekennt, die einzige Hoffnung. Der Sünder kann ja nur hoffen, dass Gott Gnade vor Recht ergehen lässt. So wie der verlorene Sohn, von dem Lukas 15,11ff erzählt, nur hoffen kann, dass der Vater, dessen Erbe er verprasst hat, Gnade vor Recht ergehen lässt. Und tatsächlich empfängt der Vater seinen verloren geglaubten Sohn festlich. Diese Gnade erscheint dem selbstgerechten Menschen als ungerecht. Und das muss der Bruder des verlorenen Sohnes schmerzhaft erfahren, der seinem Vater immer treu gedient hat und der sich nun schlechter behandelt fühlt als der sündhafte Bruder. Er versteht es nicht, genau so wenig wie Esau oder Kain. Die Gerechtigkeit Gottes ist jedem natürlichen Rechtsempfinden fremd. Das sieht Luther sehr klar. *Denn wenn seine Gerechtigkeit derart wäre, dass sie nach menschlichem Fassungsvermögen als gerecht beurteilt werden könnte, so wäre sie überhaupt nicht göttlich und würde sich in nichts von der menschlichen Gerechtigkeit unterscheiden.*

In seiner Römerbriefvorlesung des Jahres 1515 sagt Luther von der göttlichen Gerechtigkeit, dass sie nicht in uns liegt und von uns stammt, sondern dass sie von anderswoher in uns hineinkommt. Gottes Gerechtigkeit ist also eine für uns *fremde Gerechtigkeit*. Das bedeutet aber eben auch: Meine eigene Gerechtigkeit steht der Gerechtigkeit Gottes im Weg. *Deshalb muss man zuerst die eigene, innere Gerechtigkeit herausreißen.* In der Vorlesung über den Galaterbrief von 1516 findet Luther dann die *wunderbare, neue Definition der Gerechtigkeit.* Sie hat nichts mehr mit antiker Tugend und Billigkeit zu tun, sondern ist identisch mit dem Glauben an Jesus Christus. *Das ist eine besonders wunderliche und seltsame und eine ganz andere Gerechtigkeit, als die weltliche Gerechtigkeit ist.* Das, worauf es ankommt, ist ganz außerhalb von uns. Wir werden damit bekleidet, es wird uns zugerechnet, wir werden damit begnadet. Wir ziehen Christus an wie ein Kleid, das uns geschenkt wird. Dass die göttliche Gerechtigkeit eine radikal fremde ist, soll zum Ausdruck bringen, dass es um die Erlösung geht.

In der Vorrede zum Band I der lateinischen Schriften der Wittenberger Luther-Ausgabe von 1545 treffen wir auf die großartige autobiographische Beschreibung dieses reformatorischen Durchbruchs. Der Mönch Luther beschäftigt sich mit dem Römerbrief des Apostels Paulus und stößt sich am Vers 17 des ersten Kapitels: Denn darin (im Evangelium) wird offenbart die Gerechtigkeit, die vor Gott gilt. Der junge Luther kann das zunächst nur so verstehen, dass nicht nur das Alte Testament mit den Zehn Geboten, sondern auch das Evangelium den strengen Richter-Gott verkündet. *Ich konnte den gerechten, die Sünder strafenden Gott nicht lieben, im Gegenteil, ich hasste ihn sogar. Wenn ich auch als Mönch untadelig lebte, fühlte ich mich vor Gott doch als Sünder, und mein Gewissen quälte mich sehr.*

Doch plötzlich versteht Luther den ganzen Vers 17 und was es heißt, dass Gottes Gerechtigkeit aus Glauben in Glauben kommt. Das Evangelium offenbart nicht die aktive sondern die passive Gerechtigkeit Gottes. Der barmherzige Gott rechtfertigt uns durch den Glauben, das heißt er bekleidet uns mit seiner Gerechtigkeit. Das ist Luthers Durchbruch zur Wahrheit. *Mit so großem Hass, wie ich zuvor das Wort ‚Gerechtigkeit Gottes' gehasst hatte, mit so großer Liebe hielt ich jetzt dies Wort als das allerliebste hoch. So ist mir diese Stelle des Paulus in der Tat die Pforte des Paradieses gewesen.*

Gottes Gerechtigkeit hat also nichts mit der sittlichen und bürgerlichen Gerechtigkeit und auch nichts mit antiken Tugendvorstellungen zu tun. Sie wird uns zugerechnet. Das heißt sie wird uns aus

Gnade geschenkt. Und das heißt, dass sie nichts mit unserem freien Willen zu tun hat. Das Gesetz und die Werke des Gesetzes machen uns nämlich nicht gerecht. Das bedeutet aber, dass Luthers Rechtfertigungsgedanke es unmöglich macht, in Fragen des Heils zu moralisieren. Das Gesetz wird, wo es um die Erlösung geht, gleichgültig. Nur der Glaube zählt. Und glauben heißt gerecht gemacht werden.

Die fremde, zweite Gerechtigkeit, die wir der Gnade verdanken, ist uns also genau so fremd wie die Erbsünde, der sie entgegengesetzt ist. Wir sind ja eben erbsündig ohne unser Zutun. Und nun bekleidet uns Gott mit dieser fremden Gerechtigkeit, die auch Gnade, Barmherzigkeit oder Segen genannt werden kann. Wenn man diesen Gedanken konsequent zu Ende denkt und dabei mit einbezieht, dass das natürliche Gerechtigkeitsempfinden der göttlichen Gerechtigkeit geradezu im Wege steht, gewinnt eine traurige alltägliche Erfahrung ihren guten Sinn: Es gibt keine Gerechtigkeit in der Welt. Deshalb heißt es in der Bibel und vor allem bei Paulus immer wieder, dass die Gerechtigkeit „angerechnet" wird. Was damit gemeint ist, hat Karl Barth am besten formuliert: Gott nimmt eine „Buchung zugunsten des Menschen" vor.

Das soll als Vorbereitung genügen, um nun das zentrale Lehrstück Luthers anzugehen, die Rechtfertigung des Menschen allein durch den Glauben. Für Luther steht der ganze Prozess des Lebens im Zeichen der Rechtfertigung. Christ sein heißt Christ werden. Wir stehen ständig im Kampf mit dem Teufel und im Prozess der Rechtfertigung. Der gerechtfertigte Mensch ist also noch nicht gerecht, seine Gerechtigkeit ist immer erst angefangen. Simul iustus et peccator heißt eben, dass uns Gott *gleichzeitig als Sünder und Nichtsünder ansieht*. Es heißt, dass der Mensch *gleichzeitig gerecht ist und doch sündigt*. In dem, was ich tue, bin ich ein Sünder. Oder um es noch genauer, nämlich mit Paulus und Luther zu sagen: Die Sünde, die in mir wohnt, tut es. Gleichzeitig habe ich Lust am Gesetz Gottes, wie es im Römerbrief 7,22 heißt. In seiner Interpretation dieser Stelle legt Luther den Akzent nun aber nicht darauf, dass der Geist, der innere Mensch dem Gesetz Gottes dient, während der begehrende Mensch der Sünde verfallen ist. Sondern er sagt: *Ich, der ganze Mensch, dieselbe Person, bin beiden dienstbar*. Dass ich Sünder bin, schließt also nicht aus, dass ich mich darum bemühe, gerechtfertigt zu werden, indem ich nämlich Buße tue. Aber den Spruch, mit dem Gott mich rechtfertigt, kann ich immer nur erbitten.

Ein ständiges Sündenbewusstsein begleitet den lebenslangen Prozess der Rechtfertigung. Luther vergleicht den Menschen deshalb mit einem Kranken, der in ärztlicher Behandlung steht: *immer Sünder, immer Büßer, immer gerecht*. In jedem Menschen stecken *zwei in ihrer Natur einander entgegengesetzte Menschen*. Als Adams Kinder sind wir Sünder, im Glauben an Christus sind wir gerecht. Der alte Adam in uns muss sich fürchten. Der neue Mensch, den wir mit Christus angezogen haben, darf hoffen. Da es sich dabei aber um ein und dieselbe Person handelt, sind Verzweiflung und Hoffnung ineinander verschränkt. Die Verzweiflung ist die Krankheit, die Hoffnung ist die Genesung. Tod und Auferstehung fallen in der neuen Identität des Menschen zusammen. Im Prozess der Rechtfertigung schenkt mir Gott das „Heil im Wechsel der Identität". Eindrucksvoll symbolisiert wird das durch die Taufe, durch die ich ein anderer bin.

Es geht bei der Rechtfertigung tatsächlich darum, dass der ganze Mensch neu wird im Glauben. Luther nennt sie deshalb auch einmal eine wahrhaftige *Wiedergeburt*. Gottes Schöpfung aus nichts wird hier von Luther sehr konkret auf den Prozess der Rechtfertigung bezogen. Da Gott aus nichts etwas macht, muss der alte Mensch erst nichts werden, bevor ihn Gott zu einem neuen Menschen machen kann. Er macht nur die Kranken gesund, er macht nur die Sünder fromm, und er erbarmt sich nur der Elenden. Aber wohlgemerkt: Nicht die Sünde sondern der Sünder wird gerechtfertigt.

Der gnädige Gott

Aber kann ich das Geschenk annehmen, dass Gott mich annimmt, obwohl ich unannehmbar bin? Wie kann ich es vor mir selbst rechtfertigen, vor Gott gerechtfertigt zu sein, obwohl das, was ich getan habe, nicht zu rechtfertigen ist? Die Gnade Gottes trotz des eigenen Schuldbewusstseins anzunehmen, erfordert Mut, den „Mut, sich zu bejahen als bejaht". Ich bin angenommen, obwohl ich schuldig bin. Die Gnade Gottes nimmt den Unannehmbaren trotzdem an. Hier wird deutlich, dass die Rechtfertigung eine Begnadigung ist. Der Mensch ist nicht, wie er sein soll. Aber Gott nimmt ihn, als ob er so wäre, wie er sein soll. Und deshalb ist er wirklich so.

Schon im Gleichnis vom verlorenen Sohn sind wir ja auf diesen gnädigen Gott gestoßen, dessen Gnade etwas Verstörendes hat, weil sie sich mit unserem natürlichen Gerechtigkeitsempfinden nicht verträgt. Das gilt heute wohl noch mehr als zu Luthers Zeiten. Heinz-Dieter Kittsteiner hat einmal sehr schön gesagt, es gäbe „Zeitalter, die kein Verständnis für den Begriff der ‚Gnade' aufbringen." Vor allem die Neuzeit ist gnadenlos und will es sein. Der neuzeitliche Mensch will die Gnade nicht geschenkt bekommen, sondern verdienen. Und erst recht gilt heute, dass die Leute nichts geschenkt, sondern aufgrund eines Rechtsanspruchs zugesprochen bekommen wollen.

Wir haben ja schon beim Problem der Werkgerechtigkeit gesehen, dass der Glaube vor allem von dem Bestreben blockiert wird, die Gnade Gottes verdienen zu wollen – statt sie geschenkt zu nehmen. Aber erst durch den endgültigen Verlust der Gnade in der Neuzeit wird die Wirklichkeit zu jenem Dauertribunal, in dem einige die Position des Gutmenschen besetzen, um alle anderen zu absoluten Angeklagten zu stempeln. Dahinter steht letztlich die Unvereinbarkeit von Gnade und Leistung. Diese Unvereinbarkeit ermöglicht aber auch den radikalen Perspektivenwechsel. Die Fixierung auf gute Werke blockiert den Glauben. Aber dann gilt eben auch umgekehrt der Satz des Soziologen Niklas Luhmann: „Die Theologie der Gnade blockiert […] eine Auflösung der Religion in bloße Leistung".

Luther steht in dieser Frage nicht nur antithetisch zur Selbstermächtigung der Neuzeit, sondern auch in einer doppelten Frontstellung gegen Aristoteles und gegen Moses. Es geht hier zum einen um den Gegensatz von Gnade und Tugend und zum andern um den Gegensatz von Gnade und Gesetz. Für Luther war die Ethik des Aristoteles der größte Feind der Gnade. In der These 30 der Heidelberger Disputation ist sogar von einer *Rebellion gegen Gnade* die Rede. Damit wird die antike Tugend in Gänze verabschiedet. Denn es gibt für Luther keine Tugend, die ohne Sünde wäre. Er sieht in den Tugenden nur Masken der Sünde. Geiz maskiert sich als Tüchtigkeit, Hoffart als Ehre, Zorn als Eifer, Neid maskiert sich als Gerechtigkeit. Und bei den Frömmlern wird sogar die Demut zur Maske, nämlich zur Maske des Hochmuts.

So sieht Luthers Antithese gegen Aristoteles aus. Aber auch gegen Moses zieht er eine klare Demarkationslinie. Seine Ausgangsüberlegung lautet: Die Juden haben die Zusage Gottes, die Christen haben nur die Gnade. Aber auch hier erweist sich eine scheinbare Schwäche als die wahre Stärke. 1525 gibt Luther eine Unterrichtung, wie sich die Christen in Mose schicken sollen. Es geht dabei um die Frage, ob das, was Gott zu Moses oder auch zu Abraham gesagt hat, für uns Christen noch verbindlich ist. Luther wird hier sehr deutlich: Moses ist tot. Wir gehören nicht zu dem Volk, das Gott hier angesprochen hat. Und deshalb geht mich das Gesagte, obwohl es doch Gottes Wort ist, nichts an. Ich achte immer darauf, zu wem das Wort Gottes geredet wird und höre nur auf das, was mich betrifft. *Ich soll auf das sehen, was mich betrifft, was mir gesagt ist, womit er mich mahnet, treibet und fordert.* Und was betrifft mich? Der Leib Christi wird für mich gebrochen, sein Blut ist für mich vergossen. Nur auf dieses „für mich" kommt es an. Es macht den wahren Glauben aus, der eben nicht nur an ein historisches Geschehen erinnert.

Dass die evangelischen Christen nur die Gnade haben, unterscheidet sie aber nicht nur von den Juden. Ihr Glaube muss nicht nur auf die alttestamentarische Zusage Gottes, sondern auch auf die katholische Gnadengarantie der Kirche verzichten. Deshalb bleibt ihnen nichts als das blinde Vertrauen in den gnädigen Gott. In Luthers Gnadenbegriff gibt es also immer auch einen polemischen Akzent gegen die kirchliche Gnadenverwaltung im Sakrament. Und sofern nur die Gnade dem Gewissen Gewissheit gibt, richtet sich Luthers Vorstellung von der Heilsgewissheit immer auch gegen die Sicherheitsbasis des Rituals. Um es noch deutlicher zu sagen: Luther hat es riskiert, auf den Sicherheitsmechanismen der Religion, das Ritual, weitgehend zu verzichten. Denn sein gnädiger Gott ist der, vor dem ich keine Angst haben muss. Und auch die Buße, die nach Luther ja das ganze Leben des Christenmenschen ausmacht, erfolgt aus Liebe zu Gott, nicht aus Angst vor ihm.

Das Verhältnis von Gott und Mensch wird hier plötzlich ganz einfach. Gott zeigt sich uns allein durch die Gnade, und wir entsprechen ihm allein durch den Glauben. Gnade ist die große Entlastung. Meine Schuld geht blitzartig in Christus über. Das ist das große Glaubensereignis. Das Erlebnis der Befreiung, um das es hier geht, ist also nicht das der Entfesselung, sondern das Erlebnis der Begnadigung. Die Gnade ist die absolute, reine Gabe, hinter der keine Art von Buchführung steht. Sie kann deshalb nur als Geschenk Gottes kommen. Denn von Seiten des Menschen *geht der Gnade nichts als Unfähigkeit, ja Empörung gegen die Gnade voraus*. Deshalb mahnt Paulus die Gemeinde in Korinth, sich nicht aufzublasen, also sich nicht vor anderen wichtig zu machen. Im 1. Korintherbrief 4,7 heißt es: Was hast du, das du nicht empfangen hast? Wenn du es aber empfangen hast, was rühmst du dich dann, als hättest du es nicht empfangen?

Es scheint also schwierig zu sein, dieses Geschenk Gottes anzunehmen. Ja, es sieht so aus, als müsste uns Gott auch noch den Glauben schenken, der uns überhaupt erst fähig macht, das Geschenk der Gnade anzunehmen. Aber Luther kann hier wieder auf die Dialektik des Gesetzes zurückgreifen. Das Gesetz treibt ja den Menschen in die Sünde. Und wir können jetzt sehen, dass er damit überhaupt erst für die Gnade offen wird. Um es noch deutlicher zu sagen: Die Gnade kann nur an die Sünde anschließen. Aber nur wer vor Gott steht, weiß, dass er ein Sünder ist. Und nur der Sünder weiß, was Gnade ist.

Gnade ist die Vergebung der Sünden. Sie sprengt den Schuldzusammenhang. Jesus hat diese Macht der Vergebung immer wieder ausgeübt. So erzählt Lukas 5,17ff von der Heilung eines Gelähmten. Jesus erkennt den Glauben der Freunde, die den Gelähmten zu ihm getragen haben, und sagt zu ihm: Deine Sünden sind dir vergeben. Die Sündenvergebung steht also im Zentrum dieser Geschichte, nicht das Heilungswunder des Magiers, der dann sagt: Steh auf, nimm dein Bett und geh heim. Die Vergebung der Sünde befreit den Menschen von seiner Vergangenheit. So ist es ja auch, wenn ein Mensch einem anderen vergibt: Das, was war, soll keine Rolle mehr spielen zwischen uns. Es ist also nicht übertrieben, wenn man sagt, dass ein Mensch, der vergibt, ein Wunder vollbringt. Denn wer vergibt, hat die Selbstliebe besiegt.

Das Rätsel der Nächstenliebe

Im Buch Levitikus 19,18 trägt Gott Moses und den Seinen auf: Du sollst deinen Nächsten lieben wie dich selbst. Im griechischen Original steht für Liebe übrigens ἀγάπη (agapä), nicht ἔρως (eros). Und wir werden im folgenden den Begriff Agape für die christliche Liebe beibehalten. Was nun den Begriff des Nächsten betrifft, so geht man davon aus, dass bei den Juden noch der Volks- und Glaubensgenosse gemeint war. Vielleicht hat der Begriff auch Fremde mit Gastrecht eingeschlossen. Erst Jesus hat den Begriff des Nächsten dann auf alle Menschen bezogen. Man könnte von der Geburt des Nächsten aus der Liebe Gottes sprechen.

In der Geschichte, die das Lukasevangelium 10,25ff erzählt, lässt Jesus einen Schriftgelehrten jenen Satz aus dem Buch Levitikus zitieren. Der Schriftgelehrte möchte nun aber von Jesus wissen, wer denn konkret sein Nächster sei. Und auf diese Frage antwortet Jesus mit dem Gleichnis vom barmherzigen Samariter. Ein Mann wird ausgeraubt und liegt schwer verletzt am Boden. Ein Priester und ein Levit kommen vorbei, aber sie ignorieren den Hilfsbedürftigen. Da kommt ein Samariter, leistet erste Hilfe, bringt den Verletzten in eine Herberge, sorgt dort für dessen Pflege und zieht weiter. Dieser gute Samariter war für den ausgeraubten und verletzten Mann der Nächste. So jedenfalls der Wortlaut der Bibel. Aber wir dürfen auch umgekehrt verstehen: Der arme Mann war für den Samariter der Nächste. Und wir können hier schon festhalten, dass sich die Barmherzigkeit der Agape sehr viel besser mit Sachlichkeit als mit Sentimentalität verträgt.

Um Agape, die christliche Liebe, stark zu machen, muss man den Begriff des Nächsten von der Soziologie genau so deutlich abheben wie von der Psychologie. Die Soziologie geht ja davon aus, dass ich der andere des anderen bin. Und die Psychologie hegt den Verdacht, dass ich mich selbst im anderen liebe. Agape hat auch weder etwas mit Eros noch mit Altruismus zu tun. Vom Eros unterscheidet sich die Agape dadurch, dass sie nicht begehrende sondern schenkende Liebe ist. Eros wird durch den Wert des Liebesobjekts motiviert.

Agape verleiht dem Liebesobjekt überhaupt erst seinen Wert. Und obwohl Agape ein griechisches Wort ist, ist die von ihm bezeichnete Haltung ungriechisch. Gerade an diesem Begriff können wir die christliche Umwertung der antiken Werte festmachen. Das Neue Testament spricht von Agape, weil eben ausdrücklich nicht von Eros die Rede sein soll. Christlich betrachtet ist Eros das Wort für die falsche Transzendenz.

Agape hat auch nichts mit Altruismus zu tun. Schon Max Scheler hat den Altruismus als Flucht vor sich selbst durchschaut. Der Altruist hasst sich selbst und gibt das als Liebe aus. An dieser Möglichkeit der Verstellung sieht man, dass die christliche Liebe zwar nicht aus dem Ressentiment entsteht, aber dass sie ihm leicht dienstbar gemacht werden kann. Doch gerade wenn man die Erfahrung macht, dass Nächstenliebe im Normalfall des Alltags ein Narzissmus ist, der sich als Gutmenschentum maskiert, wird die Lektion des Christentums besonders deutlich: Jede Liebe ohne Gott ist narzisstisch. Das gilt auch noch für die humanistische Forderung, den Nächsten zu lieben, weil man selbst nur zufällig nicht er ist.

Jener Schriftgelehrte fragt ja Jesus, was er tun soll, um das ewige Leben zu gewinnen. Und nachdem er das Gleichnis vom barmherzigen Samariter erzählt hat, antwortet ihm Jesus: Geh und handle genauso! Das ist der christliche Weg zu sich selbst. Wer bin ich? Wenn ich ein Christ sein will, lautet die Antwort: der Nächste. Um den Nächsten wie mich selbst zu lieben, muss ich selbst zum Nächsten werden. Die antike Mahnung „Erkenne dich selbst" wird von Luther also korrigiert: Erkenne dich selbst in Christus. Die schwierige Nächstenliebe ersetzt die unmögliche Selbsterkenntnis.

Christus ist der erste Nächste. Und vor Christus sind wir alle gleich, weil wir alle gleichen Anteil an seiner Liebe haben. Brüder sind wir durch die Liebe, die er für uns hat. Zwar hat Gott den Menschen verschiedene Gaben gegeben. Deshalb sind sie untereinander ungleich, aber zugleich vor Gott gleich. Alle sind als Brüder gleich, wenn auch verschieden nach den Gaben. Der evangelische Gottesabsolutismus macht also alle Rangordnungen unter den Menschen bedeutungslos. Bei Luther sieht man das deutlich an dem starken Affekt, den er gegen die sogenannten „höheren Menschen" zeigt.

Nächstenliebe heißt in diesem Zusammenhang: Ich unterscheide nicht. Es geht nämlich im Leben eines Christenmenschen nicht um Rangordnung sondern um Transzendenz. Und die Erfahrung der Transzendenz mache ich eben am Nächsten. Das bedeutet aber auch, dass ich mich im Akt der Nächstenliebe selbst transzendiere. Ich liebe meinen Nächsten ja nicht um seiner selbst willen, sondern um Gottes willen. Der Nächste präsentiert mir den Anspruch, den Gott an mich stellt. Aber damit ist das Liebesgebot noch nicht vollständig. Es heißt ja: Liebe deinen Nächsten wie dich selbst. Und wir können nun mit Luther auch dieses „wie dich selbst" besser verstehen. Wer den Nächsten liebt, liebt sich wahrhaft selbst, weil *er sich außerhalb seiner selbst liebt.* So heißt es in der Schrift über die Freiheit eines Christenmenschen: *ein Christenmensch lebt nicht in sich selbst, sondern in Christus und seinem Nächsten, in Christus durch den Glauben, im Nächsten durch die Liebe.*

Das christliche Liebesgebot ist ein Doppelgebot. Der Forderung der Nächstenliebe geht nämlich noch eine andere voraus: Du sollst den Herrn, deinen Gott, lieben von ganzem Herzen. Wir sehen jetzt, wie beide Gebote ineinander verschränkt sind. Leben lässt sich diese Liebe zu Gott nämlich nur als Liebe zum Nächsten. Man braucht das Wissen vom Ganzen, das Gesetzeswissen nicht, wenn man den Nächsten liebt. Es handelt sich hier um eine Art Verschreibung. Gerade weil die Liebe zu den Menschen unplausibel ist, wird sie als Nächstenliebe geboten: Liebe den Menschen um Gottes willen! Agape liebt im anderen Menschen Gott. Das bedeutet aber, dass Agape sich nicht um die Eigenart des anderen sorgt, sondern um sein Heil. Sie kann deshalb mit persönlicher Kälte einhergehen. Sehr schön spricht Max Scheler vom „hellen und fast kühlen geistigen Enthusiasmus der christlichen Liebe."

Die eleganteste Antwort auf die Frage, wie ein armer Sünder dieser Forderung des Liebesgebots gerecht werden soll, findet sich bei Paulus. Seine große Leistung, die Umwertung der antiken Werte, steckt im Agape-Begriff wie in einer Nussschale. Liebe deinen Nächsten wie dich selbst, oder als dich selbst. Wie soll das psychologisch möglich sein? Der Nächste ist doch zunächst einmal mein Rivale! Die Lösung des Paulus ist genial: Ich liebe meinen Nächsten, den Fremden, nur „als Mandatar des unbekannten Gottes". Und wie Karl Barth in aller Nüchternheit betont: „Eine direkte allgemeine 'Nächsten'- und Bruder- oder auch Fernsten- und Negerliebe ist nicht gemeint."

Die Nächstenliebe liebt im zufälligen Mitmenschen den fremden Gott. Gerade deshalb ist aber auch der Schritt von der Nächstenliebe zur Feindesliebe kleiner, als es ein religiös Außenstehender vermuten muss. Im Gegensatz zu menschlichen Gefühlen ist Agape nämlich kein wechselseitiges Gefühl. Ja man könnte sogar sagen: Sie ist überhaupt kein Gefühl, sondern eine Handlung. Gemeint ist Liebe als Haltung, die es ermöglicht, liebevoll zu Menschen zu sein, die man nicht mag. Und wenn Sigmund Freud gegen die christliche Liebesforderung darauf hinweist, dass nicht alle Menschen liebenswert sind, so besteht die Pointe des Begriffs Agape genau darin: den zu lieben, der nicht liebenswert ist; Leute zu lieben, die man nicht mag. Der Einwand, nicht jeder sei liebenswert, ist natürlich richtig. Aber die christliche Liebe schafft erst den Liebenswürdigen. Der Christ liebt den Bruder gerade auch dann, wenn er nicht liebenswert ist.

Von allen christlichen Begriffen läuft der Begriff der Nächstenliebe am meisten Gefahr, sentimental missverstanden zu werden. Er hat mit kriterienloser Menschenliebe aber nichts zu tun. Ja, man könnte sogar sagen: Menschenliebe ist die Flucht vor der Nächstenliebe. Rudolf Bultmann schreibt über das christliche Gebot der Nächstenliebe: „Im Christentum handelt es sich weder um allgemeine Menschenliebe, noch ist die Liebe eine Tugend, die zur Vollkommenheit des Menschen gehört. Sie ist nicht eine Eigenschaft, die der Mensch für sich haben kann wie die Selbstbeherrschung oder Gelehrsamkeit; erst recht natürlich nicht ein Gefühl, ein Affekt, der den Einzelnen erfüllen kann. Das schon deshalb nicht, weil es dann sinnlos wäre, Liebe zu fordern."

Für jeden natürlich empfindenden Menschen muss es natürlich seltsam klingen, dass Christen vor der Aufgabe stehen, die nicht Liebenswerten zu lieben. Dass der Christ Leute liebt, die er nicht mag, kann aber nur heißen, dass für die Agape der Wert des Geliebten keine Rolle spielt. Mit anderen Worten, die göttliche Liebe schafft sich ihren Gegenstand selbst. Dass ich jemanden lieben kann, der dieser Liebe gar nicht wert ist, erklärt Luther aus der Sicherheit des Glaubens, der mir einen gnädigen Gott gibt. Obwohl ich seinen Zorn verdient hätte, zürnt er mir nicht, und das macht mich fröhlich. Es macht mich bereit, Gutes zu tun, das heißt dem Nächsten in seiner Not beizustehen. So wie Gott die Sonne über Böse und Gute aufgehen lässt, so wählt auch die christliche Liebe niemanden aus, sondern verteilt sich frei über alle. Und es ist gerade die mangelnde Wechselseitigkeit der Agape, die aus dem Dilemma befreit, dass enttäuschte Liebe in Hass umschlägt. Und so lautet die christliche Mission sogar: Liebe deine Feinde – als künftige Brüder!

Der christliche Begriff des Nächsten übergreift also Freund und Feind. Ja, meine Nächstenliebe bewährt sich vor allem an den Feinden, *weil sie dessen mehr bedürfen, dass ich ihnen aus ihrem Jammer und ihren Sünden helfe.* Es ist also ganz konsequent, wenn die Nächstenliebe letztlich fordert: Liebe deine Feinde! Die Feindesliebe ist die radikale Variante der Nächstenliebe. Hier muss man aber mit dem

Staatsrechtler Carl Schmitt im Auge behalten, dass es sich dabei nicht um den politischen, öffentlichen Feind handelt. Im griechischen Original des Matthäusevangeliums 5,44 heißt es: ἀγαπᾶτε τοὺς ἐχθροὺς ὑμῶν (agapate tous echthrous hymon). Im Lexikon findet man unter ἐχθρός (echthros) Gegner, Feind. Für feindlich haben die Griechen aber auch das Wort πολέμιος (polemios). Und Carl Schmitt versucht nun mit einer Platon-Stelle zu belegen, dass bei den Griechen πολέμιος (polemios) den öffentlichen und ἐχθρός (echthros) den privaten Feind bezeichnet hat. In der lateinischen Fassung wird ἐχθρός (echthros) mit inimicus übersetzt. Das ist der verhasste Feind. Entscheidend wichtig ist nun aber, dass hier nicht hostis steht. Hostis ist nämlich das lateinische Wort für den Feind im Krieg.

Ich hoffe, dass deutlich geworden ist, wie wichtig die philologische Frage der richtigen Übersetzung ist. Es geht in dem berühmten Satz des Matthäusevangeliums eben nur um den privaten Feind, den Gegenspieler, den man hasst. Aus dem so verstandenen Gebot der Feindesliebe folgt also keineswegs Pazifismus. Der Christ kann das Schwert führen. Diese Antwort gibt Luther in einer Schrift aus dem Jahre 1526 ganz eindeutig auf die Frage, ob Kriegsleute auch in seligem Stande sein können. Wenn Krieg geführt werden muss, um das Unrecht und das Böse zu bestrafen, dann muss der Bürger der Obrigkeit gehorchen und das Schwert in die Hand nehmen. Aber er tut es eben nicht als Christ, sondern als gehorsamer Bürger. Indem er zur Waffe greift und kämpft, widerspricht er nicht dem Liebesgebot. *Denn die Hand, die solch Schwert führt und tötet, ist auch alsdann nicht mehr Menschenhand, sondern Gotteshand.*

So steht es um das Verhältnis des Christenmenschen zum öffentlichen Feind im Krieg. Ganz anders sieht es aber im Verhältnis zum privaten Feind, dem verhassten Gegenspieler aus. Hier ruft das Liebesgebot tatsächlich zum Kampf gegen die Gewalt, gegen die aggressive Natur des Menschen auf. So wie Gott den Sünder liebt, so soll der Christ den Feind lieben. Aber das bedeutet wohlgemerkt nur in der Vollkommenheitsethik, dass ich, wenn mir auf die eine Backe geschlagen wird, auch die andere hinhalte. Feindesliebe heißt also nicht, dass ich nicht streite. Aber ich streitet als ob nicht. Denn der Feind, mit dem ich streite, ist im Reich Gottes mein Bruder.

So wie ich Gott nicht von Natur aus liebe, sondern erst durch den Glauben Lust zu Gott bekomme, so liebe ich auch meinen Nächsten nicht von Natur aus, sondern erst die im Glauben gewonnene Liebe zu Gott schenkt mir *ein freies, williges, fröhliches Leben, dem Nächsten umsonst zu dienen.* Agape, die christliche Liebe, kann deshalb nicht enttäuscht werden. Denn wenn diese Liebe sich in ihrem grenzenlosen Optimismus irrt, schadet es nichts. Sie kann Enttäuschungen ertragen. Sie ist langmütig und lässt sich nicht verbittern. Meine christliche Liebe hört nicht auf, nur weil der andere dieser Liebe unwert ist. Agape rechnet nicht und richtet nicht. Meine Liebe zum Nächsten hat ja ihren Grund nicht in dessen Liebenswürdigkeit, sondern in dem Wort Gottes, das mir die Nächstenliebe gebietet.

Nietzsche, der schärfste Kritiker des Christentums, der sich selbst zum Antichrist stilisierte, hat sich doch vor dem christlichen Liebesgebot verbeugt. Im § 60 seiner Schrift Jenseits von Gut und Böse heißt es: „Den Menschen zu lieben um Gottes willen – das war bis jetzt das vornehmste und entlegenste Gefühl, das unter Menschen erreicht worden ist." Wir können diese Bemerkung gut einbetten in unsere Überlegungen zum Verhältnis von Eros und Agape. Alles Leben in dieser Welt ist bestimmt von Libido, Begehren und dem Willen zur Macht. Das prägt die „Gestalt dieser Welt", wie die Einheitsübersetzung des 1. Korintherbriefs 7,31 lautet. Luther übersetzt: das Wesen dieser Welt. Und Karl Barth versucht es noch wörtlicher, indem er σχῆμα τοῦ κόσμου (schäma tou kosmou) mit Schema der Welt übersetzt und es dann als „Schema des Eros" interpretiert. Aber dass, wie Paulus sagt, die Gestalt dieser Welt vergeht, heißt dann eben auch, dass das Schema des Eros, das wir alle bis ans Ende unserer Tage tragen müssen, gesprengt wird. Und genau dafür steht die christliche Liebe, Agape. Christliche Liebe ist ein Sein für andere. Sie begehrt nicht, sondern schenkt. Das ist aber nur möglich, wenn ich von mir selbst frei bin. Oder um es mit den Worten von Papst Benedikt XVI zu sagen: Liebe heißt zu sich kommen im „Auszug aus sich selbst". Sie stammt nicht aus der menschlichen Natur wie das Begehren des Eros, sondern geht von Gott zum Menschen. Mit Luthers wunderbar einfachem Wort: *Gott ist ein glühender Backofen voller Liebe.*

Das gesprochene und das gedruckte Wort

Wenn aber die Liebe von Gott zum Menschen geht, wie kann der Mensch sich umgekehrt dann Gott zuwenden, wenn doch gilt, dass es keine natürliche Liebe zu Gott gibt? Die Antwort auf diese Frage gibt der Anfang des Johannesevangeliums, auf den wir ja schon zu sprechen gekommen sind. Gott ist das Wort. Das heißt, er erscheint nicht im Sinne einer Epiphanie, sondern er spricht. Wie schon der Anfang des Alten Testaments zeigt, spricht Gott, und es wird. Später spricht Gott dann durch die Propheten. Und schließlich erzählt das Neue Testament, wie Gottes Wort Fleisch wird in Jesus Christus. Wer lesen kann, findet Gottes Wort in der Bibel. Und wer in die evangelische Kirche geht, hört die Predigt des Wortes Gottes als das Wort Gottes selbst.

Es gibt für Luther nur eine Form der Hinwendung zu Gott: das Hören. Glauben heißt hören. Zum Glauben gehört vor allem also auch der Glaube daran, dass Gott zu mir spricht. Ich kann die frohe Botschaft weder sehen noch begreifen, sondern nur hören. Ein Studium der Theologie, da behält Faust recht, bringt mich hier nicht weiter. Was ich von der Gnade Gottes weiß, hilft mir gar nichts. Die entscheidende Bibelstelle, der Römerbrief 10,17, lautet in der Einheitsübersetzung: So gründet der Glaube in der Botschaft. Luther übersetzt: So kommt der Glaube aus der Predigt.

Hier lohnt sich aber wieder ein Blick auf das griechische Original. Dort steht πίστις ἐξ ἀκοῆς (pistis ex akoes). Zu Deutsch: Der Glaube kommt durch das Hören. Mach die Augen zu, verschließe deine Sinne und höre. Nur darauf kommt es für den Christen an. Der Unterschied zwischen dem Wort Gottes und dem Wort eines Menschen zeigt sich daran, dass der redende und befehlende Mensch uns Arbeit, Mühe und Kosten verursacht. Das Wort Gottes dagegen vergibt die Sünden *und kostet nicht mehr, als dass du das Wort hörest, und wenn du es gehört hast, dass du es glaubest.*

Die Wirklichkeit des Glaubens ist ein „Hörereich". Das Wort Gottes fordert von uns, *die Augen geschlossen und mit aller gebotenen Klugheit auf ein einfaches Hören auszugehen.* Die anderen Sinne können von der Wahrheit nur ablenken. Luther meint damit aber nicht nur einfach den akustischen Vorgang des Hörens, sondern auch den Akt des Gehorsams. Glauben heißt, Gottes Stimme zu hören. *Denn Glaube ist Gehorsam.* Weil Gott nur durch das Wort wirkt, kann er nur mit uns sein und mit uns wirken, wenn wir es hören. Deshalb heißt es ja schon bei Moses so oft „Höre, Israel". Deshalb klagen die Propheten so oft „Sie haben nicht gehört!". Und wenn später Nietzsche diese prophetische Pose einnimmt, um seine antichristliche Botschaft zu verkünden, wird er genau so klagen: „Muss man ihnen erst die Ohren zerschlagen, dass sie lernen, mit den Augen zu hören?"

Die Ohren zu zerschlagen, oder wie Luther sagt: zu durchbohren, heißt, die Ohren für die Stimme Gottes zu öffnen. Nur darum, nicht um Gesetzeswerke und Rituale, geht es. *Die Ohren sind darum die einzigen Werkzeuge eines Christenmenschen.* Wenn es also in der Geschichte von Jesus heißt, Maria habe ihn durch ihr Ohr empfangen, dann bedeutet das: Sie hat ihn durch ihr Hören empfangen. Und dass das Ohr das einzige Werkzeug des Christenmenschen ist, gilt natürlich vor allem auch für den Reformator selbst. Der große Übersetzer und Prediger Luther „prüft seine Sätze mit dem Ohr" – wie später dann auch Nietzsche.

Das Ohr ist das Organ der Offenbarung. Das Auge dagegen ist das Opfer der Begierde. Das Hören aufs Wort macht das Verborgene offenbar, nämlich die Macht des Gottesreichs. Dem Auge dagegen erscheint das genaue Gegenteil, nämlich Schmach und Schwachheit. Im Glauben geht es ja immer um das, was nicht offensichtlich ist. Deshalb muss man erst hören, dann sehen. Man muss erst glauben, dann verstehen. Nur das Hören auf das Wort ist kein Götzendienst. Oder um es mit dem Philosophen Hans Blumenberg zu sagen: „Zeuge des Logos ist sein Hörer".

Was bedeutet nun diese ständige Betonung des Ohrs, des Hörens und des Gehorsams? Obwohl Luther seine Weltbedeutung der Gutenberg-Technologie, also dem Druck mit beweglichen Lettern verdankt, ist sein eigentliches Medium doch die Mündlichkeit. Und jede orale Kultur fördert die Polemik. Stilhistoriker sprechen in diesem Zusammenhang von Grobianismus. Und tatsächlich sieht sich Luther in seiner Zeit genau so wie sich dann später Nietzsche im 19. Jahrhundert gesehen hat. Er ist überzeugt, dass „es heute nötig ist, zeitweilig grob zu reden". Polemik kommt ja von dem griechischen πόλεμος (polemos), das heißt Streit. Und am Streit hat Luther ersichtlich Freude. Zurecht spricht der Mediävist Kurt Flasch von Luthers Behauptungsstil, ja „Behauptungswut". Und dazu passt die Beobachtung des Psychoanalytikers Erik Erikson, Luther sei wortsüchtig. Er weiß erst, was er denkt, wenn er hört, was er sagt. Mit den Begriffen Wortsucht und Behauptungswut ist der große Polemiker Luther tatsächlich gut charakterisiert. Erikson schildert ihn als den größten Redner, Publizisten und spirituellen Diktator seiner Zeit. Doch wie passt das zu Luthers programmatischer Passivität? Um diese Frage zu beantworten, müssen wir noch einmal auf Luthers Verständnis des Wortes zurückkommen. Während wir heute gewohnt sind, das Wort als bloßes Zeichen zu betrachten, erfährt er das gesprochene Wort als Ereignis. Seine Passivität und seine Polemik konvergieren in der Präsenz des Wortes. Es geht hier um die Effekte des machtvollen Sprechens. Sprache ist eben nicht nur Kommunikation. Im Sprechen funktioniert die Sprache nicht informativ, sondern evokativ. Und das bedeutet für den Theologen Luther: Das gedruckte Wort der Bibel muss rhetorisiert werden, um Schlagkraft zu bekommen.

Uns modernen Menschen fällt es schwer, Sprache als reale Kraft zu verstehen. Aber immerhin hat die so genannte Sprechakttheorie von John Austin und John Searle daran erinnert, dass ich Dinge mit Wörtern tun kann. Meistens ist es anders. Ich spreche von mir, ohne mich dabei wirklich an dich zu richten. Oder ich richte mich an dich, ohne von mir zu sprechen. Zum Ereignis wird das Wort aber nur, wenn ich dir von mir sprechen kann. Dieses volle Sprechen, wie es der Psychoanalytiker Jacques Lacan nennt, ist der Gegenpol zum Geschwätz. Es ist ein Sprechen, das mich verpflichtet und dir eine Wirklichkeit auferlegt. Wir können dann sagen: Alles, was es gibt, gewinnt erst durch das Wort seine eigentliche Lebenswirklichkeit.

Wenn aber das Wort im Sprechakt Ereignis wird, dann erweist sich das rechte Hören selbst als kreativ, und zwar gerade in seiner Passivität. Die Herrschaft Christi breitet sich durch das Hören auf das Wort aus. Für Luther steht der Christ rein passiv vor Gott, und gemeint ist eben die Passivität des Gehörs. Wir haben ja schon gehört, dass das Ohr das Organ der Offenbarung ist, nicht das Auge. Der betroffene Hörer ist nicht der unbeteiligte Zuschauer.

Hören heißt nicht beobachten. Aber gerade das Beobachten, die Zuschauerhaltung ist ja für die Neuzeit typisch. Walter J. Ong hat deshalb den Prozess, den Max Weber die Entzauberung der Welt durch Wissenschaft nannte, als Entsprachlichung charakterisiert. Die Neuzeit hat keinen Sinn mehr für das Wort als Ereignis. Hören im Sinne Luthers dagegen heißt angesprochen werden. Hier ist keine Beobachterdistanz möglich. Wir können deshalb sagen, dass es in der

Welt des Glaubens keinen Zuschauer gibt. Es geht hier nämlich nicht um ein Wissen, sondern um mein Verhältnis zu mir selbst. Wenn ich bete „Dein Wille geschehe", dann heißt hören verstehend gehorchen. So wird Abraham mit seinem unbedingten *Glaubensgehorsam* zum unüberbietbaren Modell des evangelischen Lebens. Abraham, der von Gott auf die härteste aller Proben gestellt wird, handelt ja eigentlich gar nicht selbst, sondern er lässt sich in allem, was er tut, einfach nur von der Stimme Gottes lenken. Er besteht die Probe also durch vollendete Passivität, nämlich durch die Passivität des gehorchenden Hörens. Es ist wie bei den alten Griechen, denen und von denen Homers Ilias erzählt: Ein Gott befiehlt, und ich folge. Das Beste in unserem Leben gelingt ohne eigenes Zutun.

Es gibt bei Luther eine genaue Entsprechung zwischen dem gehorsamen Hören auf das Wort Gottes und dem polemischen Kampf gegen die Versuchungen des Teufels. Diskussionen mit dem Teufel waren die Form, die Luther seiner Auseinandersetzung mit den Argumenten seiner Gegner gab. Wenn der Mensch aber Schauplatz des Kampfes zwischen Gott und dem Teufel ist, muss er polemisch sein. Doch weil Luther mit dem Wort als Waffe gegen seine Gegner kämpft, ist er gegen Gewalt. So schreibt er 1522 selbstbewusst in einer treuen Vermahnung an alle Christen, sich zu hüten vor Aufruhr und Empörung: *habe ich nicht dem Papst, Bischöfen, Pfaffen und Mönchen allein mit dem Mund, ohne allen Schwertschlag, mehr Abbruch getan, als ihm bisher alle Kaiser und Könige und Fürsten mit aller ihrer Gewalt Abbruch getan haben?*

Luther predigt und schreibt – sonst nichts. Aber auch während er schläft oder mit Melanchthon Bier trinkt, wirkt sein Wort. Der so passive Luther tut tatsächlich nichts. Aber sein Wort handelt, und es wirkt wie eine gewaltige Sprengladung. Die griechische Definition des Menschen als des Tiers, das den Logos hat, bekommt hier eine ganz neue Bedeutung. Das mächtigste und edelste Werk des Menschen ist die Rede. Das gesprochene Wort erweist sich als die mächtigste Tat. Und Luther ist der Sprecher des Gottesworts. Das macht ihn sprachmächtig. Gerhard Ebeling hat für diesen wichtigen Zusammenhang die beste Formel gefunden: „Es blieb nicht bei bloßen Worten, sondern kam zur Tat, gerade weil Reformation hier nicht als Sache der Tat, sondern als Sache allein des Wortes verstanden wurde."

Luther lässt das Wort handeln. Dass er passiv bleibt und auf Gewalt verzichtet, hat aber nichts mit Pazifismus oder Attentismus zu tun. Denn er weiß, dass der Mund mächtiger ist als das Schwert. Gegen das Böse lehrt Luther „den Widerstand mit dem Wort". Denn es gibt nichts am Menschen, was mehr Gutes schaffen und größeren Schaden anrichten kann *als die Zunge, welche doch das kleinste und schwächste Glied ist.* Durch die Stimme dringt das Wort in die Herzen. Sie macht die Kommunikation persönlich und eindringlich. Alles, was Luther sagt, wird vom männlichen Brustton der Überzeugung getragen. Es ist deshalb nicht übertrieben, wenn Erik H. Erikson behauptet, die Stimme bekomme bei Luther geradezu sakramentale Gewalt. Die Stimme trifft mich im Innersten und versetzt mich in die Mitte der Welt. Und diese sakramentale Gewalt des Wortes wird zu Basis seiner Kritik der Gewalt.

In der These, dass dem Bösen mit dem Wort Widerstand geleistet werden muss, bewährt sich die große Unterscheidung von Leben und Lehre. Luther muss passiv bleiben, weil auch sein Leben unrecht und sündig ist. Aber als Prediger dient er der reinen Lehre, indem er sich an das heilige Wort Gottes klammert. Nur wer diese Unterscheidung nicht versteht, kann Luther seine Passivität zum Vorwurf machen. Es ist eine trotzige Passivität, die es sich unter keinen Umständen nehmen lässt, sich allezeit auf Gott zu verlassen. Und er weiß, dass uns weder unsere Gefühle noch unsere Gedanken über Gott Halt geben können, sondern allein sein Wort.

Wenn aber die Stimme, die die christliche Botschaft verkündet, eine geradezu sakramentale Qualität besitzt und in Konkurrenz zur Eucharistie tritt, dann können wir wohl generell sagen, dass das Hören und das Lesen des Gottesworts bei Luther den Kult ersetzen. Lesen und hören sind hier als einheitlicher Vollzug zu verstehen. Wenn ich die Bibel lese, soll ich das Wort Gottes hören, und zwar als Anspruch an mich. Dann wird aus Gott mein Gott.

Das muss man im Auge behalten, wenn man das protestantische Schriftprinzip verstehen will. Man kann zwar durchaus sagen, dass die Bibel Luthers Papierpapst ist. Denn er ist ja eines der ersten Kinder der Gutenberg-Galaxis. Aber Luther ist kein Bibelfetischist. Die Heilige Schrift ist nicht identisch mit seiner Lehre. Aus dem Text soll mündliche Predigt, Verkündigung werden – die freie, lebendige Stimme der frohen Botschaft. Luther braucht zwar die durch Gutenbergs Technologie erstmals voll entfaltete Schriftkultur für seinen Kampf als Einzelner gegen die katholische Kirche. Aber er will im Medium Schrift doch die mündliche Kultur des machtvollen Wortes retten. Luther geht es also um das, was Medienwissenschaftler heute sekundäre Oralität nennen. Gemeint ist eine zweite Mündlichkeit, nach der kritischen Lektüre der Bibel!

Die frohe Botschaft lebt eigentlich nur in der Predigt. Und Predigen wird um so wichtiger, je deutlicher sich das gedruckte Wort mit Beginn der Neuzeit als kulturelles Leitmedium durchsetzt. Das Evangelium ist eigentlich mündlich. Die Schrift kann immer nur ein Notbehelf sein. Die Buchstaben sind also nur eine Hülle. Das Wort Gottes, das man zu Hause liest, kann nie so fruchtbar und kräftig sein wie durch den Mund des Predigers.

An dieser Stelle will ich ein Spezifikum des protestantischen Glaubens durch eine extreme Formulierung deutlich machen: Es ist eigentlich völlig egal, wer das Wort Gottes predigt. Es kommt nur auf die Predigt an, nicht auf den Charakter des Predigers. Inhaltlich geht es natürlich immer um das, was wirklich wichtig und richtig ist. Doch die Predigt teilt mir nicht nur etwas mit, sondern sie spricht mich an. Der Nachdruck auf dem gesprochenen Wort soll deutlich machen, dass die christliche Wahrheit nicht in überzeitlichen Sätzen formuliert werden kann. Das Wort Gottes ist Anrede in einer konkreten Situation. Er spricht mich an. Und entsprechend kann dann auch das Hören nicht einfach das Verstehen eines allgemeinen Wortsinns sein. Das gesprochene Wort ist existentiell. Es trifft mich hier und jetzt, in meinem Innern.

Das ist mit dem Begriff Verkündigung gemeint. Und dass verkündigt wird, ist wichtiger, als was verkündigt wird. Um den entscheidenden Sachverhalt noch einmal auf eine extreme, zunächst paradox klingende Formel zu bringen: Jesus selbst interessiert sich nicht für das Leben Jesu. Er will nur das Wort Gottes sein. In Jesus ist das Wort Gottes ausgesprochen, und es ist völlig egal, ob er selbst wusste, dass er der Messias ist. Deshalb kann man den Inhalt seiner Verkündigung sogar ignorieren. Und genau das hat Paulus getan. Was man aber nicht ignorieren kann, ist „die Botschaft seines Gesendetseins", das „Dass des Gesprochenwerdens".

Christus hat nicht geschrieben, sondern nur geredet. Und deshalb soll das Evangelium weniger heilige Schrift als vielmehr mündliches Wort, also vorgetragene Schrift sein. Die gute Botschaft soll *nicht mit der Feder, sondern mit dem Munde* verbreitet werden. Die Verkündigung ist die evangelische Form der Vergegenwärtigung des Heilsgeschehens. Wenn es dabei aber um das Dass des Gesprochenwerdens, um die konkrete, persönliche Ansprache geht, dann kann der rechte, fruchtbare Augenblick des Glaubens versäumt werden. Es handelt sich ja eben nicht um die Verkündigung einer überzeitlichen Wahrheit. Deshalb sagt Luther, Gottes Wort und Gnade sei ein fahrender Platzregen, der nicht wiederkommt.

Warum hat sich Gott vor 2000 Jahren in seinem Sohn Jesus Christus, dem Fleisch gewordenen Wort, offenbart? Warum war gerade damals die Zeit reif für das Wort? Der Jesuitenpater Walter J. Ong hat darauf eine geradezu medienwissenschaftliche Antwort gegeben. In seinem Buch über die Präsenz des Wortes schreibt er, Gott habe genau in dem Augenblick in die Weltgeschichte eingegriffen, in dem sein Wort die größte Chance zu wirken hatte. Und wann war die Zeit reif? Der rechte, fruchtbare Augenblick der Weltgeschichte war erreicht, als die Menschen zwar noch in einer Kultur der Mündlichkeit lebten, aber durch das Alphabet schon in der Lage waren, der göttlichen Offenbarung eine neue Stabilität zu verleihen. Damals gab es aber eben noch nicht die Drucktechnik, die dann der oralen Kultur des machtvollen Wortes die natürliche Grundlage entzogen hat.

Der Ritter der Schrift

1500 Jahre später ist die Situation natürlich eine völlig andere. Luther kann sein Verkündigungswerk nicht mehr wie Jesus durch Predigen im kleinen Kreis oder wie Paulus durch unentwegtes Reisen und Briefeschreiben vorantreiben. Er muss zum Ritter der Schrift werden. In einer Predigt aus dem Jahre 1530, dass man Kinder zur Schule halten solle, heißt es über die harte Arbeit des Schriftstellers: *Es meinen wohl etliche, das Schreibamt sei ein leichtes geringes Amt, aber im Harnisch reiten, Hitze, Frost, Staub, Durst und anderes Ungemach leiden, das sei eine Arbeit.* Aber, so hält Luther dagegen, welcher dieser so hoch gelobten Ritter könnte denn umgekehrt *einen ganzen Tag stillsitzen und in ein Buch sehen.* Auch Schreiben und Reden sind harte Arbeit. An ihr ist mit dem Kopf *das beste Stück*, mit der Zunge *das edelste Glied* und mit der Rede *das höchste Werk* des Menschen beteiligt. Der Schriftsteller scheint nur drei Finger zu brauchen, *aber der ganze Leib und Seele arbeiten dran.*

Zum Ritter der Schrift zu werden, ist aber deshalb problematisch, weil Verschriftlichung ja die sakramentale Qualität der Stimme zu zerstören droht. Weder Jesus noch Sokrates haben geschrieben. Das gibt zu denken. Und der neue Bund mit Gott, von dem Paulus im 2. Korintherbrief 3,6 berichtet, ist ja keiner des Buchstabens, sondern ein Bund des Geistes. Denn der Buchstabe, γράμμα (gramma), tötet, aber der Geist, πνεῦμα (pneuma), macht lebendig. Es sieht so aus, als verhalte sich der Buchstabe zum Geist wie das Gesetz zur Gnade. Doch die strenge Bindung an den Buchstaben blockiert zwei Irrwege des Glaubens. Zum einen will der Ritter der Schrift ein bloßes Gefühlschristentum unmöglich machen. Und zum andern entwertet die Autorität der äußerlichen Schrift die inneren Stimmen der Mystik.

Der eigentliche Effekt des Lutherschen Schreibamts ist aber ein viel gewichtigerer. Erst Schrift ermöglicht nämlich Transzendenz. Und für den evangelischen Gläubigen markiert die heilige Schrift, die er in der Hand hält, die Grenze zwischen Immanenz und Transzendenz. Schriftreligionen signalisieren ja allein schon durch ihr Medium, dass sich das Übersinnliche aus der Welt zurückgezogen hat und zum Jenseits geworden ist. Die heilige Schrift stellt den Auszug des Heiligen aus der Welt dar. Im Protestantismus wird das nun besonders deutlich. Im Mittelalter war die Transzendenz noch wahrnehmbar – so wie in der Antike die Götter wirklich waren. Doch in der Neuzeit bleibt der Gläubige auf den Kanon heiliger Texte verwiesen. Das gilt natürlich auch für Katholiken. Doch der Katholik versteht die Bibel aus der Kirche heraus. Der Protestant interpretiert die Bibel aus ihr selbst heraus. Damit wird das Lesenkönnen zur Heilsbedingung. Man kann nicht mehr Christ sein, ohne lesen zu können. Mit der in die eigene Muttersprache übersetzten Bibel in der Hand wird jeder Christ zum autodidaktischen Priester. Doch hierin liegt ein neues Problem. Denn wenn das Wort Gottes nur noch in der heiligen Schrift zu finden ist, muss man sich ihm ausdrücklich zuwenden. Man muss die Bibel in die Hand nehmen und lesen. Aber das heißt eben auch, dass man sich leicht vom Wort Gottes abwenden kann.

Je stärker nun die Betonung auf die Schrift gelegt wird, desto unwichtiger werden die verhaltenssichernden Rituale. Das ist ja eines der deutlichsten Charakteristika des Protestantismus. Aber nicht nur das Lesen der Bibel tritt an die Stelle religiöser Rituale. Das reformatorische Kirchenlied ersetzt den evangelischen Gläubigen die Liturgie. Man denke nur an Luthers Liebe zur musika, an Paul Gerhardts großartige Kirchenlieder, an Bachs Matthäuspassion oder an Karl Barths Verklärung Mozarts. Die Verbindung des Protestantismus mit der Musik ist so innig, dass man sagen könnte: Die Musik rettet die Bibel vor der Bibelkritik. Das meint wohl Hans Blumenberg in seinem Buch über die Matthäuspassion, wenn er sagt, Bach habe „eine andere Tragfähigkeit des Evangeliums gefunden."

Aber es gibt nicht nur die Tränen des Hörers der Matthäuspassion, sondern auch die Fröhlichkeit der Musik gegen den Teufel. Am 1. Oktober 1530 schreibt Luther von der Veste Koburg an Ludwig Senfl: *Wir wissen, dass die Musik auch den Dämonen verhasst und unerträglich ist. Und ich urteile rundheraus und scheue mich nicht zu behaupten, dass es nach der Theologie keine Kunst gibt, die der Musik gleichgestellt werden könnte. Sie allein bringt nach der Theologie das zuwege, nämlich ein ruhiges und fröhliches Herz. Dafür ist ein klarer Beweis, dass der Teufel, der Urheber trauriger Sorgen und beängstigender Unruhen, beim Klang der Musik fast genauso wie beim Wort der Theologie flieht.*

Doch zurück zur heiligen Schrift. Um sie zu verstehen, muss man die Sprache können, in der sie verfasst wurde. Das klingt trivial, ist aber für unsere Frage von größter Bedeutung. Der Übersetzer Luther sieht den entscheidenden Grund für den Niedergang des Glaubens nämlich darin, dass wir die Sprachen, nämlich Griechisch und Hebräisch, nicht können. Erst seine Übersetzung der Bibel ins Deutsche hat deshalb die Reformation vollendet, denn nur in der eigenen Sprache kann man sich mit dem beschäftigen, was das Wichtigste ist.

Wie folgenreich das Lutherdeutsch der übersetzten Bibel ist, kann man sich am bekanntesten Fall auch am besten deutlich machen. Im griechischen Original des Römerbriefs 3,28 heißt es: δικαιοῦσθαι πίστει ἄνθρωπον (dikaiousthai pistei anthropon). Korrekt übersetzt heißt das: der Mensch wird gerecht durch Glauben. Luther bringt hier aber eine entscheidende Korrektur an. In seiner Übersetzung heißt es, dass der Mensch gerecht wird allein durch den Glauben – sola fide, wie es im Lateinischen heißt. Nun hat sola, also „allein" oder „nur", keine wörtliche Entsprechung im griechischen Text. Aber Luther fügt es ein, um den eigentlichen Sinn des Textes zu verdeutlichen: Wir werden gerecht allein durch den Glauben – und eben nicht durch die Werke. Das ist in der Tat deutlicher als die Formulierung der Einheitsübersetzung. Und die Bibel in Deutsch muss diese Deutlichkeit haben. Das Selbstbewusstsein des Übersetzers Luther ist dabei so groß, dass er sich sogar zutraut, zu wissen, wie die Engel gesprochen hätten, wenn sie sich der deutschen Sprache bedient hätten. Berühmt geworden ist dann Luthers Antwort auf die Frage, wie man deutsch reden soll, die er im Sendbrief vom Dolmetschen gegeben hat: *man muss die Mutter im Hause, die Kinder auf der Gasse, den einfachen Mann auf dem Markt danach fragen, und denselben auf das Maul sehen, wie sie reden, und danach übersetzen, so verstehen sie es denn, und merken, dass man deutsch mit ihnen redet.*

Paulus reiste und schrieb Briefe, Luther lässt drucken. 1500 Jahre nachdem Gott sein Wort Fleisch werden ließ, greift er noch einmal in die Weltgeschichte ein und lässt sein Wort durch das erste Massenmedium über die ganze Welt verbreiten. So jedenfalls sieht es Luther. Die Buchdruckkunst ist eine Gnadengabe Gottes, die die rasche Verbreitung des neuen Glaubens ermöglicht. Damit erweist sich die Reformation auch als die erste medientechnische Revolution. Erst durch Gutenberg wurde das Wort zur Waffe. Luthers Reformation ist also die erste revolutionäre Idee, die durch ein Massenmedium verbreitet wurde. Er selbst sieht in der Drucktechnik die große Gnade Gottes, die die Verbreitung des Evangeliums vorantreibt.

Von nun an kann man die ganze Welt ansprechen. Mit Luther beginnt die moderne Publizistik. Er will *die Leute treiben mit Reden und mit Schreiben.* Und damit wird er zum ersten Bestseller-Autor der

Gutenberg-Galaxis. Man kann sich die überwältigende Wirkung des Lutherdeutsch wohl nur erklären, wenn man begreift, wie die Kommunikationsmaschine Gutenbergs die eindringliche, intime Stimme der Muttersprache allgegenwärtig macht. Richard Friedenthal hat das in seiner Biographie von Luther sehr gut getroffen: „Er ist auf eine sehr faszinierende Weise der Mann der Einsamkeit und zugleich der Öffentlichkeit und breitesten Wirkung."
Allein mit der Bibel bewaffnet, fordert Luther die Kirche und ihre Tradition heraus. Wir müssen hier verstehen, dass dieses radikale „Zurück zum Wort Gottes" nur im neuen Medium des Buchdrucks funktionieren kann. Es geht nicht um Inspiration oder innere Stimmen. Mit Mystik ist hier nichts zu machen. Wie Rudolf Bultmann nüchtern bemerkt: „die konkrete Situation ist doch für den Verkündiger einfach die, dass, wenn er auf die Kanzel steigt, ein gedrucktes Buch vor ihm liegt, auf Grund dessen er verkündigen soll". Das Problem, das darin liegt, haben wir ja schon erörtert: dass nämlich der Buchstabe tötet, während nur der Geist lebendig macht. Aber im Medium des Buchdrucks gewinnt das Geschriebene eine neue Qualität. Texttreue ist die Moral des Buchdrucks.

Mit dem Medium Druck bekämpft Luther den Teufel, dessen List darin besteht, über die Lehre Luthers falsche Meinungen zu verbreiten. Jetzt kann Luther nämlich schwarz auf weiß argumentieren: Zeige mir eine Stelle in der Heiligen Schrift oder in meinen Texten, mit der du die Vorwürfe gegen mich begründen kannst. Dann bin ich bereit, zu widerrufen. Aber nur dann! Der populäre Medienwissenschaftler Marshall McLuhan hat einmal gesagt, das Medium selbst sei die eigentliche Botschaft. Und für Luther trifft das durchaus zu. Das Medium des gedruckten Buches ist ein wesentlicher Teil der Botschaft der Reformation. Oder um es mit Egon Friedell zu sagen: „der Gutenbergmensch triumphiert über den gotischen Menschen".

LUTHER UND DIE NEUZEIT

Die evangelische Kirche unserer Zeit ist durch eine Inflation des Kreuzes gekennzeichnet. So hört man von ihren Repräsentanten und Pfarrern nur noch selten etwas über das Ärgernis und den Skandal des Wortes vom Kreuz, so wie es im Zentrum der Paulus-Briefe und damit des Neuen Testaments steht. Aber man bekommt am Sonntag sehr viel zu hören über die unzähligen kleinen Kreuze dieser Welt wie Hunger, Flüchtlingselend, Arbeitslosigkeit, Klimakatastrophe usf. Zusammengehalten werden diese kleinen Kreuze durch die Dauerbereitschaft eines „Reden wir miteinander". Das hat schon der große dänische Protestant des 19. Jahrhunderts, Sören Kierkegaard, als Geschwätz bezeichnet. Der Pfarrer tritt immer häufiger als Gutmensch auf – und das heißt in der Sprache des Neuen Testaments: als Pharisäer. Dabei missbraucht er seine Predigt für einen sentimentalen Moralismus. Wie schon Franz Overbeck erkannt hat, „entvölkert unsere Kirchen nichts so sehr, als dass man es in ihrem Gottesdienst so viel mit den persönlichen Ansichten ihrer Prediger zu tun hat." Das ist die Hauptquelle der spezifisch protestantischen Heuchelei.

Die evangelische Kirche heute vermeidet Konflikte, indem sie immer weniger behauptet. Sie hat Angst vor den eigenen Dogmen und möchte um keinen Preis orthodox sein. Aber nicht orthodox sein zu wollen, ist für einen Glauben paradox. Denn Orthodoxie heißt nichts anderes als der richtige Glaube. Kennt die evangelische Kirche überhaupt noch den Unterschied zwischen Christentum und einem diffusen Humanitarismus? Sie ersetzt den Skandal des Gekreuzigten zunehmend durch einen neutralen Kult der Menschheit. Thomas Mann hat das schon vor hundert Jahren „Verrat am Kreuz" genannt. Was dann noch bleibt, ist die Sentimentalität einer unrealistischen Menschenfreundlichkeit.

Dieses Wohlfühlchristentum befriedigt ein tiefes Bedürfnis nach Betäubung. Jeder kennt ja die Formel von Karl Marx, Religion sei das Opium des Volkes. Genau in diesem Sinne hat dann auch Nietzsche von einem „opiatischen Christentum" gesprochen und es scharf der ursprünglichen christliche Erschütterung entgegengesetzt. Wenn man genauer hinsieht, ist bei Marx genau so wie bei Nietzsche eigentlich gemeint: Nicht Religion selbst ist Opium, sondern die modernen Menschen machen aus Religion ein Opiat. Sie benutzen das Christentum als Droge, zur Beruhigung der Nerven. Jede Spur der christlichen Erschütterung ist sorgfältig getilgt. Man lässt sich zwar noch von der Jesus-Geschichte rühren, vor allem an Weihnachten. Aber vom Jüngsten Gericht will niemand mehr etwas hören. Aus Gott ist der liebe Gott geworden. Und aus Jesus ist ein guter Mensch geworden – gewissermaßen ein Integrationsbeauftragter höherer Ordnung. Aber wer den Lehrer und Sozialarbeiter Jesus lobt, will den Erlöser Christus verdrängen. Wenn Jesus nur ein Lehrer des rechten moralischen Verhaltens gewesen wäre, hätte man ihn nicht gekreuzigt.

Dass die Christen Gott als Vater ansprechen, hat die moderne evangelische Kirche als Freibrief für Gefühlsseligkeit missverstanden. Jesus sagt zwar: Liebe Gott wie ich ihn liebe, nämlich als sein Sohn. Doch dieses „Gotteskindschaftsbewußtsein" hat in der modernen Welt die Sentimentalität der evangelischen Christen bis in pietistische Gefühlshöhen gesteigert. Und von deren „winselndem Tonfall" bemerkte schon der Soziologe Max Weber zurecht, dass er „kraftvolle Männer so oft aus der Kirche gescheucht hat". Deshalb hat Weber die evangelische Kirche immer wieder daran erinnert, dass auch der Vater des Gottessohns „kein zärtlicher moderner Papa" ist, sondern eher ein strenger Hausvater. Doch dass Gott kein netter Papa ist und Jesus nicht sozial war, wagt die Kirche heute kaum mehr auszusprechen. Und man muss befürchten: Sie wagt es auch kaum mehr zu denken. Dabei würde es genügen, sich an Luthers schlichte Bestimmung des Wesenskerns der absoluten christlichen Religion zu erinnern, nämlich an Christus und das Kreuz zu glauben und Mildtätigkeit gegen die Armen zu zeigen.

Neben den Wohlfühlchristen des Wohlstandsalltags gibt es aber auch intellektuelle Esoteriker eines Christentums ohne Happy End, also ohne Auferstehung. Als Soziologe fragt Niklas Luhmann nach der Funktion der Religion in der modernen Gesellschaft. Sie hat mit dem Problem umzugehen, dass keineswegs nur die Sünder leiden und dass die Welt, so wie sie ist, Zweifel an Gott rechtfertigt. Die Argumente gegen Gott, die sich hier leicht und in Fülle einstellen, können aber gerade von der christlichen Religion abgefangen werden. Dass das sinnlose Leiden dennoch Sinn hat, beweist das Christentum nämlich dadurch, dass sein Gott selbst leidet. Und sein letztes Wort ist eben die Frage: warum?

Das ist der harte Kern der Passionsgeschichte: Gott selbst leidet und fragt, warum? Danach kommt nichts mehr. Nach dem Johannesevangelium 19,30 lautet ja das letzte Wort von Jesus am Kreuz: Es ist vollbracht. Und das hat der evangelische Theologe Rudolf Bultmann so gedeutet, „dass mit dem Kreuz Jesu Werk abgeschlossen ist und keiner Ergänzung durch eine körperliche Auferstehung bedarf". Auch für den Soziologen Luhmann kann die christliche Theologie ihre Aufgabe in der modernen Gesellschaft nur erfüllen, „wenn sie auch dann noch in Jesus ihren Gott zu erkennen vermag – ohne happy end, ohne Auferstehung, ohne ewiges Leben".

Genau so argumentiert der Philosoph Hans Blumenberg. Die Geschichte endet am Karfreitag mit der Versiegelung des Grabes, also dem endgültigen Tod Christi. Sie endet also nicht mit dem leeren Grab, an das sich das Dogma der Auferstehung hält. Für Blumenberg läuft alles auf den Urschrei am Kreuz hinaus, von dem das Matthäusevangelium 27,46 berichtet: Mein Gott, mein Gott, warum hast du mich verlassen? Für das esoterische Christentum ohne Happy End gibt es nur die Wahrheit dieses Schreis, „der noch an den ‚toten Gott' gerichtet sein könnte. Wenn nicht sogar erst recht an diesen." An diesen Gott der Intellektuellen schließen sich also nicht mehr unsere Erwartungen, sondern nur noch unsere Erinnerungen an. Der nur noch erinnerte Gott verträgt sich gut mit unserem aufgeklärten Bewusstsein. Jesus war, aber er ist nicht mehr. So kann man die Frage des Glaubens intellektuell hochtransponieren. Wer gefragt wird: Glaubst du an Gott?, reagiert dann mit der Gegenfrage: Begreifst du noch, was es bedeutet, einen Gott zu haben?

Sowohl die Wohlfühlchristen als auch die intellektuellen Esoteriker hängen also einem halbierten Christentum an. Die einen hören gerne die Weihnachtsgeschichte und die Geschichten vom Leben Jesu, wollen aber nichts vom Karfreitag wissen. Die anderen wollen nur an den Karfreitag glauben, aber nichts von Ostern wissen. Es gibt aber keinen christlichen Glauben ohne Kreuz und Auferstehung. Das hat Papst Benedikt XVI., mit dem Luther sicher gerne diskutiert hätte, richtig gesehen. Sehr gut nennt er in seinem Jesus-Buch die Auferstehung einen ontologischen Sprung. Mit ihm beginnt eine neue Schöpfung. Gott greift hier nicht nur mit seinem Wort, sondern unmittelbar materiell in die Geschichtswelt ein. Das ist, ähnlich wie die Jungfrauengeburt, für das moderne Denken natürlich unerträglich. Für die alten Griechen war das Wort vom Kreuz ein Ärgernis und für die Juden war es ein Skandal. Für die modernen Menschen aber ist die Auferstehung das Ärgernis, das sie mit ihrer Vernunft nicht vereinbaren können. Das leere Grab passt nicht ins moderne Weltbild.

Der Ruf „Zurück zu Luther!" richtet sich aber nicht nur gegen die Wohlfühlchristen und die intellektuellen Esoteriker. Er richtet sich auch gegen die Reduktion des christlichen Glaubens auf die Funktionserfordernisse einer so genannten Zivilreligion. Was ist Zivilreligion? So nennt man die Schwundstufe eines Christentums, das nicht mehr in seinem Wahrheitsanspruch, sondern nur noch wegen seiner ethisch und politisch stabilisierenden Funktion ernst genommen wird.

Im Begriff der Zivilreligion fragt der Staat heute selbst nach den integrierenden Werten der modernen Gesellschaft. Man kennt diese Frage aus den Sonntagspredigten und Weihnachtsansprachen der Politiker. Die Zivilreligion fasst dann die Restbestände der religiösen Institutionen zusammen: die Kirchen, in denen wir getauft werden und heiraten; die Grundgesetze, die ohne göttliche Abkunft leer wären; die Schwüre bei Gott, mit denen Staatsoberhäupter ihr Amt übernehmen.

Man könnte die „Grundwerte" als das Dogma der Zivilreligion bezeichnen. Sie verdecken eine Paradoxie. Das hat der ehemalige Richter des Bundesverfassungsgerichts Ernst-Wolfgang Böckenförde klar gesehen: „Der freiheitliche, säkularisierte Staat lebt von Voraussetzungen, die er selbst nicht garantieren kann. Das ist das große Wagnis, das er, um der Freiheit willen, eingegangen ist." Deshalb ist heute so viel von Verfassungspatriotismus die Rede. Man will die Bibel durch die Verfassung ersetzen.

Es geht in der Zivilreligion also um das Glaubensminimum, das wir zur Geltung bringen müssen, damit die moderne Gesellschaft funktioniert. Und zwar müssen wir dieses Glaubensminimum nicht nur gegenüber den Andersgläubigen, sondern auch gegenüber den Ungläubigen zur Geltung bringen. Man kann es auch so sagen: Zivilreligion ist der Glaubensinhalt, den man zwar nicht glauben muss, aber dem man doch Geltung verschaffen muss.

Als Zivilreligion hat der Protestantismus die großen Themen wie Kreuz, Erlösung und Gnade aufgegeben und durch einen diffusen Humanismus ersetzt. Damit ist er in die Modernitätsfalle geraten. Die evangelische Kirche leidet nämlich nicht daran, dass sie mit der Kulturentwicklung nicht mitkäme. Im Gegenteil. Franz Overbecks Studie über die Christlichkeit unserer heutigen Theologie endet mit der scharfen These, „dass die Theologie stets modern gewesen ist, und eben darum auch stets die natürliche Verräterin des Christentums war". Die evangelische Kirche leidet also an ihrer eigenen Realitätsgerechtigkeit. Ihr fehlt der Mut zur Unzeitgemäßheit. So heißt es bei

Karl Barth in aller wünschenswerter Deutlichkeit: „Gerade das Unhandliche, Unbrauchbare des Paulinismus, gerade das Weltfremde, Unpraktische, Unpopuläre des Protestantismus ist sein bestes Teil." Karl Barth hat diese These schon 1922 formuliert. Und der gerade zitierte Satz von Franz Overbeck, dem Freund Nietzsches, stammt sogar aus dem Jahre 1873. Sie haben leider nichts von ihrer Aktualität verloren.

Gerade weil sie so modern und „aufgeklärt" ist, kann die evangelische Kirche nicht mehr das Heil versprechen und eine neue Welt prophezeien. Schon Nietzsche hat das in aller Deutlichkeit gesehen: „Je mehr man sich von den Dogmen loslöste, um so mehr suchte man gleichsam die Rechtfertigung dieser Loslösung in einem Kultus der Menschenliebe." Das goldene Kalb, um das heute getanzt wird, ist der Götze „Mensch". Das müsste für einen Theologen genau so evident sein wie für einen Psychoanalytiker. Man liebt die Menschheit, um Gott verdrängen zu können. Und hier gewinnt die christliche Lehre vom Antichrist eine brennende Aktualität. So wie der Antichrist am Ende der Tage kommen wird, um Christus zu imitieren, so erscheint in der Moderne der Götze Mensch als teuflischer Nachahmer des Menschensohns.

Seit es das Christentum gibt, ist Gott der große Störfaktor in der Gesellschaft. Kein Wunder also, dass man ihn immer wieder fälschen, verdrängen, ersetzen wollte. In der Moderne ist Gott erst durch die Gesellschaft und dann durch das Individuum ersetzt worden. Mit dem Untergang des Kommunismus schien zwar die atheistische Religion, die den Glauben an die Erlösung durch Gesellschaft gepredigt hat, ruiniert zu sein. Aber in der Rede von der „sozialen Gerechtigkeit" hält sich dieser Glaube doch noch am Leben. Unsere Ehrfurchtssperre vor dem Begriff „soziale Gerechtigkeit" ist heute so mächtig wie nie zuvor. Diese Ersatzreligion herrscht fast uneingeschränkt über die Seelen der modernen Menschen. Was sie verdrängt, wird klar, wenn man sich an die große Frage erinnert, auf die nur die Religion eine Antwort geben kann. Sie lautet: Was darf ich hoffen? Als Antwort auf diese Frage hat die gerechte Gesellschaft den gnädigen Gott verdrängt.

Zum Kult des Sozialen fügt sich heute passgenau der Kult des Individuums. Man muss nur die Zauberwörter „Selbstverwirklichung" und „soziale Gerechtigkeit" aussprechen, um die moderne Massendemokratie in politische Trance zu versetzen. Mit diesen Zauberwörtern kann man alle Widerworte zum Schweigen bringen. „Das Ich und das Soziale sind die beiden Götzen", hat Simone Weil einmal sehr schön gesagt. Das ist ein Urteil von unglaublicher Hellsichtigkeit und Aktualität.

Das moderne Individuum entstand schon vor 500 Jahren auf der Suche nach dem eigenen Heil – und genau das wird durch Luthers Leben und Werk markiert. Aber in der Zwischenzeit hat das moderne Individuum den Weg vom Seelenheil zum Sozialheil zurückgelegt. Und zugleich versenkt es sich in sich selbst, weil es das eigene Heil nicht mehr von außen erwartet. Längst hat unsere Alltagskultur eine mittelalterliche Sünde mit einem positiven Vorzeichen versehen. Es ist die Sünde der grübelnden Versenkung in sich selbst. Und die meisten Menschen suchen heute gerade hierin den Heilsweg. Der Soziologe Ulrich Beck hat es so formuliert: „Die Entscheidungen der Lebensführung werden ‚vergottet'." Das Individuum ist nun sein eigener Willkürgott.

Und damit beginnt die Religion der Einmaligkeit. Ihre Varianten sind bekannt: Ich erlöse mich selbst, indem ich mir in einer Religionsboutique einen europäisch verschlankten Buddhismus kaufe. Oder ich errege mich selbst mit Hilfe von Drogen. Oder ich fordere mich selbst heraus, indem ich nur an einem Gummiseil befestigt von der Brücke springe. Oder ich beschäftige mich mit mir selbst, indem ich meine eigenen Leiden und Beschädigungen studiere – am besten gleich in einer Selbsterfahrungsgruppe. Diese Suche nach dem Heil im eigenen Selbst nimmt also ganz handfeste Formen an, sei es, dass man für permanente Fitness sorgt, sich an den körpereigenen Endorphinen berauschen, ja Urin trinkt; hierher gehören auch alle Formen der Selbstmedikation.

Es gibt wohl keinen Zweifel, dass es sich hier um religiöse Exerzitien handelt. Das Kultzentrum dieser Übungen ist das „Selbst" jedes einzelnen. Man berauscht sich an sich selbst. Das Ich nimmt sich selbst als Droge. Selbstverwirklichung ist das Opium aller Iche. Es gibt deshalb wohl keine Formel der christlichen Theologie, die heute aktueller wäre als Fénelons Wort vom Götzendienst des Ich. Wer sich selbst sucht, findet sich – das ist seine Strafe. Und er findet sich in der Hölle wieder. Um aus dieser Sackgasse des inneren Götzendienstes herauszufinden, braucht der Mensch die Beziehung auf den ganz Anderen. Er braucht die Öffnung zur Transzendenz.

Es gibt keine Persönlichkeit ohne Transzendenz. Das ist dem aufgeklärten Bewusstsein der Neuzeit besonders schwer zu vermitteln, weil es sich mit dem Götzendienst des Ich gegen die eigenen wissenschaftlichen Erkenntnisse gepanzert hat. Das Resultat der Aufklärung war ja die Entzauberung der Welt. Schmerzhaft wurde sie vor allem als Entzauberung des Menschen in einer Folge narzisstischer Kränkungen. Diese Kränkungen seines Selbstwertgefühls beginnen mit Kopernikus und gehen über Darwin und Freud bis hin zu Alan Turing. Ihre Erkenntnisse sind für den menschlichen Geist unerträgliche Zumutungen: Die Erde ist nicht der Mittelpunkt der Welt, der Mensch ist auch nur ein Tier, das Ich ist nicht Herr im eigenen Haus, und Intelligenz ist eine Dienstleistung von Maschinen.

Aber auch schon Luther bringt eine der großen narzisstischen Kränkungen. So wie für Kopernikus die Erde nicht der Mittelpunkt der Welt ist, so ist für Luther der Mensch nicht der Mittelpunkt der Schöpfung. Dass Luther die Welt durch die christliche Wahrheit kränkt, ist ihm nicht nur bewusst, sondern er erhebt diese narzisstische Kränkung geradezu zum Programm. Er will ärgern – keine Kompromisse! Luther zeigt sich hier immer wieder als das extremste Gegenteil eines Relativisten. Er ist der Antipode des Skeptikers. Kurt Flasch hat von Luthers Behauptungsstil, ja Behauptungswut gesprochen. Und wenn man Luthers lateinische Schriften liest, stößt man immer wieder auf seine Formel der absoluten Gewissheit, das Adverb „immo". Zu Deutsch: gewiss doch, ja sogar, keineswegs.

Dass der Mensch im Mittelpunkt stehen will, ist für Luther das entscheidende Problem. Von dieser falschen Selbstsicherheit befreit uns nur die Erkenntnis, Sünder zu sein. Denn durch das Sündenbewusstsein wird der Mensch auf Gott zentriert, statt auf sich selbst. In Glauben und Liebe zeige ich mich als bedürftig. Ich stehe nicht im Mittelpunkt, ich bin nicht souverän. Das Ich ist nicht mein Zentrum. Ich habe Hilfe nötig. Genau das wird durch den Begriff Existenz zum Ausdruck gebracht: Das Wesentliche kommt von außen. Existieren heißt endlich sein, abhängig sein, angewiesen sein auf Hilfe von außen. Gewissheit finden wir also nur außerhalb unserer selbst. Das ist mit der Öffnung zur Transzendenz gemeint.

Wenn wir gerade von Luthers Behauptungswut und seiner Formel absoluter Gewissheit gesprochen haben, so ist das vor dem Hintergrund einer allgemeinen Verunsicherung zu sehen. Wenige Daten mögen hier genügen. 1452 entsteht die Gutenberg-Bibel nach der von Johannes Gutenberg entwickelten Technik des Drucks mit beweglichen Lettern. 1492 entdeckt Christoph Kolumbus Amerika. 1509 entwickelt der Astronom Nikolaus Kopernikus in seinem noch nicht an die Öffentlichkeit adressierten Commentariolus das neue heliozentrische Weltbild. Als dieses revolutionäre Weltbild dann 1543 in der Schrift De revolutionibus orbium coelestium dem lesenden Publikum zugänglich wird, lehnt Luther es übrigens ab, obwohl es doch sehr gut mit seiner eigenen Gesinnungsrevolution harmoniert. Denn im kopernikanischen Weltbild gibt es ja nicht mehr das über der Erde aufgeschlagene Himmelszelt. Anders gesagt, der Himmel ist leer geräumt. Jacob Taubes resümiert: „Auf der kopernikanischen Erde kann die Erlösung allein das Werk der Gnade sein, zu der der Mensch nicht das mindeste beizutragen hat."

Radikaler Glaube oder radikales Wissen

1517 beginnt die Reformation mit Luthers Thesenanschlag. Wir befinden uns hier an der Bruchstelle zwischen Mittelalter und Neuzeit. In Conrad Ferdinand Meyers Drama über Ulrich von Hutten heißt es deshalb über Luther:
Sein Geist ist zweier Zeiten Schlachtgebiet –
Mich wundert's nicht, dass er Dämonen sieht!
Die kopernikanische Wende hat den Menschen aus der Weltmitte verwiesen. Nun weisen Natur und Gnade auseinander. Die kosmische Ordnung hat nichts mehr mit dem Heil zu tun. So beginnt um 1500 die große Konfrontation zwischen Selbstermächtigung und Gnade. Suche ich mein Heil in der Selbst-Sicherheit, oder vertraue ich auf einen gnädigen Gott?

Man hat Luther oft den Vorwurf gemacht, er habe die Allmacht Gottes so auf die Spitze getrieben, dass sie von der blinden Willkür eines wahnsinnigen Tyrannen nicht mehr zu unterscheiden sei. An diesem Vorwurf ist zumindest eines wahr: Gott ist für Luther der deus mutabilissimus: *Gott ist aber höchst wandelbar.* Schärfer noch heißt es dann bei Karl Barth: „souverän, unbedingt, grundlos ist Gott". Es handelt sich hier ohne Zweifel um einen theologischen Absolutismus der Allmacht Gottes.

Dieser theologische Absolutismus kann die Gewissheit der Offenbarung und des Glaubens eröffnen. Aber er kann auch die Abwehrreaktion eines Absolutismus der Selbstsorge provozieren. Gemeint ist die technische Selbstermächtigung des Menschen mit ständiger Rücksicht auf den Nutzen für das Leben. Der allmächtige Gott zwingt den Menschen, der sich nicht in die Frömmigkeit retten kann, zum hypothetischen Atheismus. Der Willkürgott, der tut, was er will, wird dann durch den Zufall ersetzt: als ob es Gott nicht gäbe. Mit anderen Worten, der wissenschaftlich-technische Mensch betrachtet die Welt, als ob es keinen Gott gäbe. Er ist wohlgemerkt kein Atheist, sondern ein Atheist als ob.

Heute kann man erkennen, dass die Konfrontation zwischen Selbstermächtigung und Gnade katalytisch gewirkt hat. Je allmächtiger Gott wurde, desto unausweichlicher wurde für den Menschen die Notwendigkeit, sich mit Hilfe von Wissenschaft und Technik eine eigene Sicherheitsbasis zu schaffen. Während sich der Gläubige auf die Suche nach dem gnädigen Gott macht, beginnt der Wissenschaftler mit der rationalen Vermessung der Welt. Der absolut transzendente Gott hat ihm ja eine völlig entgöttlichte Welt zurückgelassen. Und auch die von der Reformation betriebene Entweltlichung der Kirche erweist sich zugleich als eine Verweltlichung der Welt. Für Luther ist die Welt ein profaner Ort, der ganz und gar für menschliches Handeln freigegeben ist. Man kann also sagen, dass es ein Nebeneffekt von Luthers Entgöttlichung der Welt war, dass dadurch der Weg für die moderne Forschung frei wurde. Gerade die Anerkennung der Allmacht und Unerforschlichkeit Gottes setzt die autonome Erkenntnis frei.

Wir befinden uns mit Luther an der Bruchstelle zwischen Mittelalter und Neuzeit. Die alten Heilsgewissheiten und die Ordnungsstrukturen der katholischen Kirche, dieser eindrucksvollen Erbin des römischen Reiches, sind geschwunden. Um hier wieder sicheren Boden unter die Füße zu bekommen, gibt es nur zwei Wege: radikalen Glauben oder radikales Wissen. Glaubensgehorsam und technischer Wille sind die beiden Formen der Befreiung aus der absoluten Ungewissheit. Und beide Formen steigern sich gegenseitig. Gott stellt den Menschen radikal in Frage. Aber je theozentrischer der Glaube wird, desto anthropozentrischer wird das Wissen. Die technisch-wissenschaftliche Selbsterhaltung des neuzeitlichen Menschen entsteht und steht polemisch gegen den Erlösergott. „Die Logik der Selbsterhaltung und Selbstbehauptung kann der existenziellen und geschichtlichen Ausdeutung eschatologischen Denkens nur entgegen sein." Das sagt Karl Löwith wohlgemerkt über die Kirche. Aber wir können diesen Satz sehr gut auch als Charakterisierung der Neuzeit lesen.

Die Verteidigung der Legitimität dieser wissenschaftlich-technischen Neuzeit gegen den theologischen Absolutismus hat der Philosoph Hans Blumenberg zu seinem Lebensthema gemacht. Das Pathos der Verteidigung dieser Selbstbehauptung ist heute vielleicht nur noch im historischen Rückblick verständlich. Aber die Urszene der Neuzeit hat Blumenberg doch richtig gezeichnet: Ein Abgrund tut sich auf. Jetzt kann es den Schwindel des Blicks in die Tiefe geben. Dafür steht – theozentrisch – der Theologe und Mathematiker Blaise Pascal. Er hat auf Gott gewettet. Aber angesichts des Abgrunds kann es auch zu dem Entschluss kommen, eine Brücke zu bauen. Und dafür steht – anthropozentrisch – der Alleskönner Leonardo da Vinci.

Neuzeitliche Selbstbehauptung heißt, nicht auf die Transzendenz Gottes zu wetten, sondern auf die Immanenz von wissenschaftlicher Neugier und technischem Mut zu setzen. In der Antike ging es um das gute Leben. Im Mittelalter ging es um das Gott wohlgefällige Leben. In der Neuzeit geht es nur noch um das Überleben, um die Selbstbehauptung des Menschen gegen einen unverständlichen Willkürgott. Das Ziel aller menschlichen Bestrebungen ist also nicht mehr das gute Leben, sondern nur noch die Erhaltung des Lebens selbst. Hans Blumenberg nennt das die „immanente Teleologie der menschlichen Selbstbehauptung". Hier formiert sich eine spezifisch neuzeitliche philosophische Tradition, in der das Gute der Selbsterhaltung geopfert wird. Der große Gegenspieler von Hans Blumenberg, Robert Spaemann, hat das zum zentralen Motiv seines Denkens gemacht. Was bei Blumenberg so positiv „immanente Teleologie der menschlichen Selbstbehauptung" heißt, nennt Spaemann kritisch „Inversion der Teleologie". Zu Deutsch: Indem der Mensch sich selbst ermächtigt, als ob es keinen Gott gäbe, stellt er die Zweckbestimmung seines Lebens auf den Kopf. Alles wird der Selbsterhaltung untergeordnet.

In der antiken Teleologie ging es ja um das gute Leben. In der neuzeitlichen Inversion der Teleologie geht es nur noch ums Überleben. Diesem Konzept der Selbsterhaltung entspricht dann ein Begriff von Geschichte als sich selbst genügendem Prozess. Dasselbe gilt übrigens auch für den Systemfunktionalismus des Soziologen, der die moderne Gesellschaft beschreibt, als ob es keine Menschen gäbe. Auch er weiß nichts vom guten Leben. „Religion scheint das Residuum zu sein, das der Perfektionierung der Gesellschaft ‚beyond freedom and dignity' im Wege steht, d.h. der Perfektionierung einer Gesellschaft, die auf den Begriff des guten Lebens verzichtet, indem sie die Idee eines solchen zu einer Bestanderhaltungsfunktion umfunktioniert."

Wie formiert sich also die Neuzeit? Weil der allmächtige, unberechenbare Gott unerträglich ist, muss man ihn entweder außer Kraft setzen oder töten. Die konsequenteste Position der Selbstermächtigung bezieht Nietzsche: Gott ist nicht nur tot, sondern wir selbst haben ihn getötet. Aber Nietzsche hat schon geahnt, dass die Menschen dieses Selbstverständnis nicht verkraften können. Dann bleibt aber nur noch der so genannte hypothetische Atheismus: Was wäre, wenn es keinen Gott gäbe? Diese Frage kann ich mir ja auch als gläubiger Mensch stellen.

Die entscheidende Formel lautet: als ob nicht. Geprägt hat sie Paulus im ersten Korintherbrief 7,29ff. Im griechischen Original heißt es: ὡς μὴ (hos mä). Weil die Zeit kurz ist, bis die bestehende Welt vergeht, lohnt es sich nicht mehr, sich um irdische Angelegenheiten zu sorgen. Deshalb tu' das, was du tust, als ob du es nicht tun würdest. Du bist verheiratet, aber lebe so, als ob du es nicht wärst. Du hast Geld, aber tu' so, als ob du es nicht hättest. Sei ohne Sorge. Der Mensch soll zwar arbeiten und seinen Beruf ernst nehmen, aber er soll sich nicht sorgen. Doch statt auf Gott zu vertrauen und sich auf sein Wort zu verlassen, neigen wir dazu, *an die Stelle des Glaubens die Sorge* zu setzen. Was uns dann fehlt, ist die Gelassenheit, die unser Verhältnis zur Welt lockert. Wir müssen die irdischen Dinge schon ernst nehmen, aber so ernst nun auch wieder nicht. Das „als ob nicht" des Paulus nimmt also gewissermaßen das Ende der Welt vorweg. Die bestehende Wirklichkeit ist für den Christen durch das zugesagte Heil bereits „verunwirklicht".

Die extremste Variante dieser Formel ist nun die für die Neuzeit interessante: In der Welt leben, als ob es Gott nicht gäbe. Hier wird die Paulus-Formel des „als ob nicht" gleichsam zweckentfremdet, nämlich nicht auf die Welt sondern auf Gott selbst angewandt. Nicht zufällig findet man sie wohl zum ersten Mal in der Zeit des 30jährigen Krieges. Jedenfalls hat Hugo Grotius in einem Werk von 1625 die lateinische Fassung etsi deus non daretur. Diese Formel hat seither die unterschiedlichsten Anwendungen gefunden. Zunächst einmal muss man sich klarmachen, dass man durchaus an Gott glauben und doch die Welt betrachten kann, als ob es Gott nicht gäbe. Das ist der Fall des frommen Naturwissenschaftler. In der Moderne wird dann die Umkehrung dieser Umkehrung nötig. Wenn es Gott nicht gäbe, müsste man ihn erfinden, meint Voltaire. Aus dem „als ob nicht" wird ein „als ob". Denn längst ist aus dem hypothetischen ein realer Atheismus geworden. Und gerade deshalb fordert die praktische Vernunft von uns, zu handeln, als ob es Gott gäbe. Das ist der Fall Kants und der modernen Ethik überhaupt.

Und die protestantische Theologie? Aug' in Aug' mit der Moderne kehrt sie schließlich die moderne Umkehrung der Umkehrung ihrerseits um. So heißt es bei Dietrich Bonhoeffer: „Vor und mit Gott leben wir ohne Gott." Das klingt komplizierter als es ist. Für Bonhoeffer ist es eine Frage der intellektuellen Redlichkeit, dass ein Theologe der Gegenwart die Erkenntnisse der modernen Wissenschaften in sein eigenes Weltbild aufnimmt. Das bedeutet aber: Er darf den leidenden Menschen nicht einen mächtigen Gott versprechen, der sie aus ihren irdischen Nöten befreit. Jesu letztes Wort am Kreuz ist ja die Klage darüber, dass sein Gott ihn verlassen hat. Das wird von Bonhoeffer so gedeutet, dass Gott aus der Welt verdrängt worden ist und uns nur noch als ohnmächtiger beistehen kann. Gott selbst zwingt uns also zu der Erkenntnis, dass wir in der Welt so leben sollen, als ob es Gott nicht gäbe. Dem entspricht aber umgekehrt, dass wir unsere moderne Weltanschauung haben sollen, als hätten wir sie nicht. So jedenfalls lautet der letzte Satz von Rudolf Bultmanns Büchlein über Jesus Christus und die Mythologie. Ein doppeltes „als ob nicht" – das ist die Antwort der protestantischen Theologie auf die Herausforderung der Neuzeit.

Bonhoeffer nimmt also den allmächtigen Gott in den ohnmächtigen Gott zurück. Und Bultmann nimmt das neuzeitliche Wissen in die Demutshaltung der leeren Hände vor Gott zurück. Das ist eine elegante Lösung des Problems, das Christentum in einer gottlosen Welt zu behaupten. Aber es bleibt wohl eine Lösung von Theologen für Theologen. Nicht der ohnmächtige sondern der tote Gott hat den Startschuss für die Neuzeit gegeben. Man kann die Neuzeit als den Versuch beschreiben, Luthers gnädigen Gott durch Nietzsches toten Gott zu ersetzen. Hans Blumenberg resümiert: „Der Tod Gottes machte den Weg zum absoluten Selbstvertrauen des Menschen frei. Nur blieb der freigelegte Weg leer." Einfacher gesagt: Die neuzeitliche Selbstbehauptung ist gelungen, aber der Sinn des Lebens ist auf der Strecke geblieben.

Die Neuzeit propagiert eine Vernunft ohne Offenbarung und eine Natur ohne Gnade. Nicht nur die Transzendenz Gottes, sondern auch die Selbsttranszendenz der Liebe wird ihrem Projekt geopfert. Die Neuzeit will sich nämlich nichts schenken lassen. Und deshalb kennt sie auch keine Gnade. Denn wenn Gott tot ist, gibt es niemanden mehr, der uns begnadigen könnte. Wir bleiben deshalb unser Leben lang die absoluten Angeklagten. Und das ermöglicht es den modernen Inquisitoren in Politik und Medien, uns Legitimationskrisen und Rechtfertigungsbedürfnisse einzureden. Odo Marquard hat in diesem Zusammenhang zu recht von einer „Übertribunalisierung der menschlichen Lebenswirklichkeit" gesprochen.

Der Philosoph Marquard erstrebt heute also dasselbe wie vor 500 Jahren der Theologe Luther: die Befreiung vom permanenten Tribunal. Genau so wie die Lehre von der Rechtfertigung durch den Glauben will auch die Philosophie der „Rechtfertigungsunbedürftigkeit" den Menschen von seiner „tribunalen Existenz" entlasten. Tribunale Existenz ist ein hervorragender Ausdruck des Paläoanthropologen Rudolf Bilz. Er benennt die drückende Schuldlast, die uns heute nicht nur von der Stimme des Gewissens, sondern auch von den Lautsprechern der politischen Medien zugewiesen wird. In diesen Zusammenhang kann man auch eine interessante Bemerkung von William James stellen. Er sieht in Luthers Rechtfertigung durch den Glauben ein psychologisches Äquivalent zur „regeneration by relaxing". Das ist vielleicht etwas zu lax formuliert, aber es trifft doch den Kern der christlichen Entlastung: Meine Rechtfertigung wird nicht von mir als Leistung erwartet, sondern von Gott als Gnade geschenkt. Der gnädige Gott versetzt mich in den Stand der Rechtfertigungsunbedürftigkeit.

Die Nostalgie nach dem Absoluten

Das eigentliche Geschenk, das Luther den Menschen machen wollte, hat die Neuzeit zurückgewiesen. Er wollte uns nämlich die Lehre schenken, dass menschliches Sein Glaube ist und dass wir einen gnädigen Gott haben. Stattdessen hat die Neuzeit auf Selbstermächtigung und auf Selbstbehauptung durch Leistung gesetzt. Die Tugend sollte selbst leisten, was man sich als Gnade nicht schenken lassen wollte. Aber wir können heute sehen: Dieses Projekt der gnadenlosen Neuzeit ist gescheitert.

Unglaublich erfolgreich dagegen war ihr Projekt der wissenschaftlich-technischen Weltbeherrschung. Doch sie hat ihren Preis. Das entscheidende Stichwort lautet: Positivismus. Das ist das Urmotiv der neuzeitlichen Selbstbehauptung. Positivismus heißt, dass die Wissenschaftswelt sich souverän behauptet und jeden Zweifel an ihrer Legitimität niederschlägt. Charakteristisch für die moderne Welt ist die Absenkung der Standards, eine metaphysische Niedrigbauweise, ein ständiges Niedrigerhängen der Ideale, eine radikale Horizontbegrenzung des Denkens auf das Machbare – und eben eine Selbstbegründung durch Selbstermächtigung.

Doch damit erzeugt die Wissenschaftswelt ein Vakuum der Bedeutsamkeit. Und gerade deshalb wächst der Absolutheitshunger, die Sehnsucht nach dem unersetzlich Einfachen. Mit anderen Worten: Der von den modernen Wissenschaften ausgeräumte Himmel, die Leere des Absoluten hat ein Vakuum erzeugt, das die von der Aufklärung verdrängte Religion machtvoll ansaugt. Religion ist ja die Form des Gefühls fürs Absolute. Und sie wird genau in dem Augenblick wieder aktuell, da die spezifisch modernen Lebens- und Erkenntnisformen wie Relativismus, Individualismus und Ausdifferenzierung nur noch ein kulturelles Unbehagen erzeugen.

Wir können also sagen, dass die Neuzeit mit einer radikalen Entlastung vom Absoluten beginnt und dass sie mit einer tief empfundenen Nostalgie nach dem Absoluten endet. Der Theologe Rudolf Bultmann hat das an den säkularisierten Formen der Verkündigung nachgewiesen, die die Vergebung Gottes zum Beispiel durch die Beratung des Psychoanalytikers ersetzen. „Der Therapeut hat den Beichtvater ersetzt. Und doch zeigt sich darin, dass so viele Menschen zum Therapeuten ihre Zuflucht nehmen, ein Angewiesensein auf Autorität und ein Verlangen nach ihr; es zeigt sich vor allem darin, dass der Patient dem Therapeuten gegenüber so oft ‚hörig' wird." Gerade auch der vollends aufgeklärte Mensch sehnt sich nach der archaischen Autorisierung. Das ist ein guter Begriff des Psychologen Julian Jaynes, der in seinem bedeutenden Buch über den Ursprung des Bewusstseins die Weltgeschichte als langen Abschied vom Heiligen darstellt. Am Anfang waren die Menschen noch ohne Bewusstsein. Stattdessen hörten sie die Stimmen der Götter und folgten ihren Befehlen. Man könnte auch sagen: Schizophrenie war die ursprüngliche Beziehung des Menschen zum Göttlichen. Das bestätigen Homers Geschichten der Ilias genau so wie die Geschichten des Alten Testaments. Die Götter waren damals noch in der Wirklichkeit dieser Menschen anwesend.

Im zweiten Jahrtausend vor Christus verstummten die Götterstimmen allmählich. Nur die Orakel und die Propheten konnten sie noch deutlich hören. Doch im ersten Jahrtausend vor Christus starben auch die Orakel und Propheten aus. Ihre Sprüche und Weissagungen blieben uns aber in heiligen Texten erhalten. Und an diese heiligen Schriften glaubten die Menschen noch im ersten nachchristlichen Jahrtausend. Doch dann haben auch diese heiligen Schriften ihre Autorität verloren. An die Stelle der heiligen Schriften trat das Buch der Natur als einzige autoritative Quelle. Das neunzehnte Jahrhundert vollendete dann den Prozess der Verweltlichung, also den langen Abschied vom Heiligen. Es gibt von nun an nichts Göttliches und nichts Geistiges mehr. Der Zufall herrscht, und es gibt für den Menschen keine Autorisierung mehr von außen. Das bedeutet aber, dass sich der Mensch nun selbst ermächtigen muss. Die Geschichte der Entstehung der modernen Welt ist also identisch mit der Geschichte des Nihilismus.

Dass dieser Nihilismus zwar denkbar, aber nicht lebbar ist, macht den Grund dafür aus, dass sich die Religion auch in der vollends aufgeklärten Welt des Westens am Leben erhält. Wenn wir beten „Dein Wille geschehe", dann spricht daraus heute eben auch die Sehnsucht nach den verlorenen Autoritäten. Wenn man sich das eingesteht, kann man wieder ohne Scham die Fragen nach der Wahrheit, dem Wichtigen und dem Richtigen stellen – also nach Gott. Diese Fragen muss der Mensch stellen, wenn es ihm um sein Sein geht. Denn ohne das Absolute schafft der Mensch sich selbst ab. Die Nostalgie nach dem Absoluten wäre aber nur zu befriedigen, wenn die Menschen Luthers narzisstische Kränkung verkraften könnten: Nicht der Mensch sondern Gott steht im Mittelpunkt. Und genau das ist die christliche Lesart des Wortes Existenz: Der Mensch ek-sistiert, das heißt er steht exzentrisch zu sich selbst, weil er seine Mitte in Gott gefunden hat. Die Frage „Wer bin ich?" erweist sich als die Frage nach Gott.

Der Wissenschaftsgeist der Neuzeit kann das natürlich nur in Gänze zurückweisen. Gott steht nicht im Mittelpunkt, sondern dem Menschen im Weg. Er ist, wie der Vordenker der Atheisten, der berühmte Wissenschaftler Richard Dawkins, es massenwirksam formulierte, ein Wahn. Aber wie schon Luther richtig gesehen hat, braucht jeder Ungläubige einen Aberglauben, das große Staunen. Für Dawkins ersetzt die Bewunderung für das wissenschaftlich erforschte Universum jede Religion. Diese Einstein-Religion ist also die Ersatzreligion der ungläubigen Wissenschaftler. Das entspricht aber nicht der Erfahrung, die normale Menschen mit der Wissenschaft machen. Denn die moderne Wissenschaft leistet Erstaunliches gerade darin, die Erstaunlichkeit der Welt zu reduzieren.

Mit dem Begriff Wunder zeigt die Religion in die genau entgegengesetzte Richtung. Wunder ist der fromme Ausdruck dafür, dass alles auf den verborgenen Gott bezogen ist. Du bist der Herr, mein Gott. Indem ich diese Worte spreche, anerkenne ich den absolut Anderen als Bedingung des Zugangs zur Wahrheit. Aber gibt es überhaupt noch ein Bedürfnis nach emphatischer Wahrheit? Für wen ist es noch die entscheidende Frage, ob der Mensch im Irrtum lebt? Im Grunde ist das die Frage nach der Aktualität des Platonischen Höhlengleichnisses. Für uns Menschen der Moderne ist das Verständnis von Platons Höhle als perfektes Kino fast unwiderstehlich geworden. Die Besucher des Höhlenkinos werden von den gezeigten Bildern so gut unterhalten, dass sie überhaupt kein Interesse für die Wirklichkeit außerhalb der Höhle mehr aufbringen. Und der Befreier, der Aufklärer, der den ewigen Kinobesuchern statt der Filmbilder das Licht der Wahrheit zeigen will, wird als inkompetenter Störenfried abserviert.

Demnach gäbe es gar kein Chance für die Wahrheit. Denn die Menschen fühlen sich im Höhlenkino ihrer Lebenswelt ja wohl. Und es gibt dort auch keinen Ort, von dem aus das Erlebte als Verblendungszusammenhang zu durchschauen wäre. An dieser Problemstelle hat nun der Philosoph Robert Spaemann eine großartige christliche Variante des Höhlengleichnisses angebracht. Er geht zunächst einmal davon aus, dass das, was der Film in der Höhle seinem faszinierten

Publikum zeigt, völlig zwingend und plausibel ist. „Aber der Grund, aufgrund dessen der Film selbst läuft, kommt innerhalb des platonischen Höhlenfilms nicht vor. Nach christlicher Überzeugung kommt er aber einmal im Film vor. Für die Betrachter dieses Films wird an einer Stelle ein Signal in den Film selbst eingeblendet, das sie darauf hinweist, was es mit dem ganzen Film auf sich hat. Der Befreier, der von außen in die Höhle Platons kommt und den Leuten das Kino auszureden beginnt, weil alles nur ein Schattenbild ist, tritt nach christlichem Glauben im Film selbst auf; er lehrt nicht, den Film zu verlassen, sondern ihn als Film zu sehen." Diese christliche Einblendung im Film, die den Sinn des Ganzen offenbart, ist die Auferstehung Christi. Ganz ähnlich hat übrigens auch Karl Barth von „Offenbarungseindrücken" in der Weltgeschichte gesprochen. Der Film, das ist die sich entfaltende empirische Realität der Weltgeschichte. Und die christliche Einblendung in diesen Film ist die Glaubensabsurdität der Auferstehung.

WEG, WEG, VERNUNFT!

Kann man also nur beten, dass die christliche Religion wahr ist? Oder wetten, wie Pascal? In jedem Fall hat uns die Suche nach der christlichen Wahrheit sehr weit von einer Religion innerhalb der Grenzen der reinen Vernunft weggeführt. Und das entspricht durchaus auch dem Selbstverständnis der großen christlichen Theologen. Paulus und Luther wollen die Vernunft provozieren und die Menschen ärgern. In der Predigt zum fünften Sonntag nach Trinitatis heißt es deutlich: *Weg, weg, Vernunft!* Wenn man im Mittelalter eine Behauptung beweisen wollte, genügte der Hinweis: Aristoteles dixit, Aristoteles hat es gesagt. Dem stellt Luther entgegen: Paulus hat es gesagt. Damit steht aber nicht Behauptung gegen Behauptung, sondern Sendung gegen Wissenschaft. Aristoteles ist der wichtigste Denker, der eigentliche Begründer der Wissenschaft, die im Griechischen ἐπιστήμη (epistämä) heißt. Dem stellt Luther die ἀποστολή (apostolä) gegenüber, zu Deutsch: die Sendung. Gemeint ist die Sendung des wichtigsten Apostels Paulus.

Der Kampf gegen Aristoteles und seinen Stolz der wissenschaftlichen Vernunft durchzieht das ganze Werk Luthers. Wie im Streit mit dem Papst handelt es sich auch hier um einen Kampf gegen die äußerste Autorität. Luther will die griechische Philosophie aus dem Christentum austreiben. Für das Mittelalter war Aristoteles tatsächlich so unfehlbar wie der Papst. Die meisten der katholischen Meisterdenker, der Kirchenväter, glaubten ja, man könne mit der Philosophie des Aristoteles das christliche Dogma zu einem Bollwerk des Glaubens ausbauen, das gegen die Angriffe der Wissenschaft gefeit wäre. Aber Luther hat schon gesehen, was dann die Philosophen im 20. Jahrhundert selbst eingestanden haben: „Wenn das Christentum die Wahrheit ist, dann ist alle Philosophie darüber falsch." Das ist ein Satz des großen Philosophen Ludwig Wittgenstein. Und er wird bestätigt durch die Schlussbemerkung der Minima Moralia von Theodor Adorno. Philosophie endet in Verzweiflung, und sie kann heute nur noch das Unmögliche versuchen, nämlich „vom Standpunkt der Erlösung aus" zu denken. Aber kann das etwas anderes bedeuten als das, was Luther tut, nämlich mit der Bibel zu denken? Auch der dritte große Philosoph des 20. Jahrhunderts, Martin Heidegger, bestätigt das indirekt, wenn er das eigene Seinsdenken vom Glauben abgrenzt: „Der Glaube hat das Denken des Seins nicht nötig. Wenn er das braucht, ist er schon nicht mehr Glaube. Das hat Luther verstanden."

Luther ist aber kein Feind der Vernunft. Er will sie nur an den richtigen Platz stellen. Es gibt nämlich nicht nur eine vom Teufel besessene Vernunft, sondern auch die vom Heiligen Geist erleuchtete Vernunft. Erst die christlich unterworfene Vernunft kann richtig gebraucht werden. Genau das meint auch Pascals Logik des Herzens. Die Vernunft wird – aus Vernunft! – religiös außer Kraft gesetzt. Es geht also nicht um die Frage „Glaube oder Vernunft?", sondern um das richtige Verhältnis zwischen der Logik der Vernunft und der Logik des Herzens. Und bei der Frage, was wirklich wichtig ist, muss der Glaube die Vernunft führen.

Mit Vernunftfeindlichkeit hat das also gar nichts zu tun. Die Welt ist der Vernunft zugänglich. Aber das geistliche Reich hat nur Wirklichkeit für den Glauben, es ist zugänglich nur dem Hören auf das Wort. In der Schrift vom unfreien Willen heißt es: *Wenn ich also auf irgendeine Weise verstehen könnte, wie dieser Gott barmherzig und gerecht sein kann, der so viel Zorn und Ungerechtigkeit an den Tag legt, wäre der Glaube nicht nötig.* Warum das Böse in der Welt ist, kann man nicht verstehen. Es gibt keine vernünftige Erklärung, warum Gott das Übel zugelassen hat. Aber es ist für Luther nicht nur so, dass es keine Theodizee geben kann. Es darf auch keine Theodizee geben, weil das bedeuten würde, dass man sich durch Vernunftspekulationen aus der Verzweiflung retten kann. Es hilft nur der Sprung des Glaubens. Deshalb erscheint Luther die Empörung über Gott auch sehr viel christlicher als die Theodizee. Nicht wir können Gott rechtfertigen, sondern er rechtfertigt uns.

Wir können jetzt genauer sagen, was es heißt, dass die Vernunft von Luther christlich an ihren Platz gestellt wird. Das Doppelleben des Christen besagt in diesem Zusammenhang: Die Welt muss ich erkennen, an Gott muss ich glauben. Was wir wissen können, ist Sache der Vernunft. Aber sie wird zur Hure, wo sie auf den Glauben übergreift. Denkend kann man das Wesen Gottes nämlich nicht erfassen. Zum Glauben kommt man also nicht durch einen Gottesbeweis. Schon Augustinus hat ja gesagt: Wenn du ihn verstehst, ist es nicht Gott. Wenn du die Bibel verstehen willst, dann lies mit dem Herzen, nicht mit der Vernunft. Hier gibt es keine Gründe, sondern allein den Glauben – sola fide.

Was ist also für einen Christen die vernünftige Haltung der Vernunft in Glaubensfragen? Die Erkenntnis kann immer nur so weit kommen, zu erkennen, dass Gott unbekannt ist. Mit jedem Schritt weiter verliert die Vernunft die Führung durch den Glauben. Und das gilt gerade für das verführerische Angebot, Gott zu beweisen. Das ist vor allem für intelligente Menschen eine große Versuchung. Sie ködert den Stolz auf die eigene Intelligenz als Quelle der Sünde. Deshalb ist es für Luther der Teufel selbst, der zum Gottesbeweis verführt. Wenn aber die Erkenntnis immer nur so weit kommen kann, zu erkennen, dass Gott unbekannt ist, dann müsste eigentlich klar sein, dass derjenige, der über Gott redet, ihn immer schon verfehlt hat. Für die christlich aufgeklärte Vernunft ist Gott eben das, was nie Objekt sein kann.

Wenn nun aber die Theologen sich dazu verführen lassen, Gott wissenschaftlich zu betrachten, dann sind sie des Teufels. Denn wenn man Gott wissenschaftlich beobachten könnte, dann wäre jeder Gottesdienst ein Götzendienst. Wenn die Wunder, die Jesus tat, experimentell verifiziert werden könnten, wäre bewiesen, dass es keine Wunder gibt. Kurzum, der gewusste Gott ist ein Götze, und das Wissen von der christlichen Wahrheit ist Unwahrheit. Das gibt der berühmten Nietzsche-Formel „Gott ist tot" eine überraschende Nebenbedeutung. Denn für den Christen heißt das eben nur: Der Götzendienst ist überwunden.

Zum Glauben kommt man nicht durch einen Gottesbeweis, sondern nur durch eine Gotteserziehung. Deshalb heißt es bei Wittgenstein: „Wenn Du also im Religiösen bleiben willst, musst Du kämpfen." Es geht hier also nicht um ein Wissen. Denn das bloße Wissen ist kalt und leidenschaftslos. Der Glaube dagegen ist eine Leidenschaft. Ich begreife nicht das Christentum, sondern der Glaube ergreift mich.

Die Offenheit zur Transzendenz setzt gerade voraus, dass man Gott nicht weiß. Christus ist nur für den Glauben da, nicht für das Wissen. Kierkegaard sagt deshalb: „Man muss entweder glauben an ihn oder sich ärgern". Aber Kierkegaard hat das Entweder / Oder zwischen Ärgernis und Glaube nicht als einfache Wahl verstanden. Ihm war schon klar, dass wir heute am Ärgernis ansetzen müssen. Wer sich ärgert, nimmt Anstoß. Und der Stoß im Anstoß des Ärgernisses kann der Abstoß sein, mit dem der Glaube möglich wird. Deshalb ist es jederzeit, und eben auch heute, möglich, im Religiösen zu bleiben. Aber den meisten fehlt wohl der Kampfgeist.

Ist also alles am Ende eine Frage des Mutes? Bei der Aufklärung genau so wie bei der Religion, die sie bekämpft? Der Mut zum

Selbstdenken war es bei den Aufklärern. Der Mut zum Sprung des Glaubens ist es bei den Frommen. Vielleicht war der Optimismus Paul Tillichs verfrüht, als er ausrief: „Der Mut Luthers kehrt wieder". Aber wie immer man die religiöse Lage der Gegenwart einschätzen mag – für den, der heute einen Glauben für Erwachsene sucht, gibt es nur einen Weg: Zurück zu Luther!

ANMERKUNGEN

S. 7: „Heimholung des Ketzers..." : Jacob Taubes, Die Politische Theologie des Paulus, S. 22
ständig das krasse...: Luther Deutsch Bd. 1, S. 337 = Weimarer Ausgabe Bd. 57, S. 236. Ich zitiere Alands Werkauswahl im Folgenden nur noch nach Werkband/Seitenzahl und gebe dann den entsprechenden Stellenhinweis auf die Weimarer Ausgabe der Lutherschen Werke = WA

S. 9: „Der christliche Glaube reißt ...: Rudolf Bultmann, Glauben und Verstehen, Bd. I, S. 334. – Vgl. auch Bultmann, Glauben und Verstehen, Bd. II, S. 163: „In jedem Falle ist es klar, dass man aus den Texten herausliest, was man vorher schon weiß. Man will es aber in den alten Texten finden, damit es als autoritative Wahrheit gelten kann."

S. 10: *Mose ist tot...*: 5/98 = WA 24, 7

S. 11: *heißt uns nur die Hände...*: 5/94 = WA 24, 4
Das Evangelium von Christus...: 8/383

S. 12: *die Immer-Ungerechten...*: 1/180 = WA 56, 291
lehren, was man tun soll...: 2/255 = WA 7, 23 – Wer Franz Kafka folgt, wird hier eine Problemverschiebung vornehmen. Heute wäre das Ausgangsproblem dann nicht mehr die Unerfüllbarkeit sondern die Unerkennbarkeit des Gesetzes. Der Anti-Held Kafkas hat das Problem der Rechtfertigung, weil er angeklagt ist, oder doch zumindest sich angeklagt fühlt. Aber da er „vor dem Gesetz" verharren muss, kann er nicht wissen, was er getan hat. Der hermeneutische Schlüssel Christus fehlt.
„Verkündigung eines Nichtintellektuellen...: Max Weber, Wirtschaft und Gesellschaft, S. 379

S. 15: „kann das Wort so hoch unmöglich...: Johann Wolfgang von Goethe, Faust, Verse 1226f
wie ein Kind in der Wiege...: 4/197 = WA 19, 498
täglich mit Gottes Wort umgehen...: 3/35 = WA 30 I, 145
Fürwahr, wenn ich nicht begreifen...: 2/182 = WA 6, 511

S. 16: „Ein Wort des Danks ist...: Rudolf Bultmann, Glauben und Verstehen, Bd. I, S. 157
„Das Sprechen ist in der Tat...: Jacques Lacan, Schriften, Bd. 1, S. 144

S. 17: „Wort, welches selbst das...: Gerhard Ebeling, Luther, S. 68. – Das Evangelium ist ein aktiver Logos, der aus Sprechakten besteht, die zur Teilhabe aufrufen. Es gibt hier keine Reflexionsdistanz. Deshalb kann die adäquate Antwort auf die Verkündigung nur das Bekenntnis des Glaubens sein. Der Christ muss sich also immer fragen: Wirst du vom Evangelium angesprochen, oder reflektierst du darüber. Im Gegensatz zum geschriebenen Gesetz ist das Wort des Evangeliums schöpferisch, es gibt Leben und versöhnt. Die frohe Botschaft ist also ein unmittelbar wirksames Wort. Deshalb sagt Julius Schniewind, Die Begriffe Wort und Evangelium bei Paulus, S. 72, das Evangelium werde „gebotschaftet, ausgerichtet".

„Wort-Tatsachen...: Andrea Grün-Oesterreich und Peter L. Oesterreich, „Luthers Reformation der Rhetorik", S. 39

„dass das Wort Gottes nur in...: Rudolf Bultmann, Glauben und Verstehen, Bd. IV, S. 184

Denn ob Christus tausendmal...: 4/177 = WA 18, 202f

S. 18: *unter der Hülle seines genauen...*: 1/217 = WA 56, 392

das nur negativ aussagbare...: 1/217 = WA 56, 393 – Von hier aus kann man die Negativität der Dialektik Theodor W. Adornos als Säkularisation der christlichen Hoffnung auf die Auferstehung des Fleisches verstehen. Diese Säkularisation sprengt nicht den theologischen Diskurs, sondern zwingt ihn zur Inversion. Adornos inverse Theologie wendet das Bilderverbot auf sich selbst an und spitzt es zum 'nicht glauben' zu. Der Glaube selbst erscheint hier als Trugbild, das die göttliche Verheißung verstellt. Das ist der theologische Kern der Negativen Dialektik: „Wer an Gott glaubt, kann deshalb an ihn nicht glauben. Die Möglichkeit, für welche der göttliche Name steht, wird festgehalten von dem, der nicht glaubt." (Adorno, Negative Dialektik, S. 394). Damit rechnet Adornos Negativismus zu jenem religiösen Atheismus, der in der Tradition des monotheistischen Bilderverbots steht. Adornos ästhetische Theorie hat versucht, das Bilderverbot in der ästhetischen Bilderwelt selbst zu verankern. Doch wie können Bilder dem Bilderverbot entsprechen? Adornos Argumentation lautet wie folgt: Kunstwerke sind nicht Epiphanien, Erscheinungen des Absoluten; ästhetische Bilder beanspruchen nicht die kultische Kraft, die der theologische Symbolbegriff meint. Ähnlich sind sie nicht dem Absoluten und nicht der Welt, sondern sich selbst. Damit aber machen sie sich in der Tat weder ein Bild von dem, was im Himmel, noch von dem, was auf der Erde ist. Und damit gilt der zentrale Satz der Ästhetischen Theorie: „Die ästhetischen Bilder stehen unterm Bilderverbot." Durch dessen Filter gelangen nur „die nicht abbildlichen ästhetischen Bilder" (Adorno, Ästhetische Theorie, S. 159 und 416), die weder zum Schein erlösen, noch das, was ist, verdoppeln. Im Klartext: Ästhetik im Zeichen des Bilderverbots akzeptiert nur Bilder, die nicht abbilden – die abstrakte Malerei der Moderne führt das jedem vor Augen. Diese Ästhetik der abbildlosen Bilder entspricht exakt jenem Theologumenon Adornos, wer an Gott glaube, könne an ihn nicht

glauben. Sie deutet die moderne Kunst als ästhetische Bilderwelt eines universalen Karfreitags. So hat man die Dinge aber schon ein halbes Jahrhundert vor der Ästhetischen Theorie gesehen; Hugo Ball notiert einmal: „Wenn unsere abstrakten Bilder in einer Kirche hingen: man brauchte sie am Karfreitag nicht zu verhängen. Die Verlassenheit selber ist Bild geworden. Kein Gott, keine Menschen mehr sind zu sehen." (Hugo Ball, Die Flucht aus der Zeit, S. 162) Adorno geht von Wittgensteins berühmter Definition aus, die Welt sei alles, was der Fall ist. Diese Formel ist deshalb so unwiderstehlich, weil für alle, die Theologen-Ohren haben zu hören, der Fall natürlich der Sündenfall ist. Darin steckt die Verheißung eines Andersseins. Der Leser Adornos soll die Formel Wittgensteins also gegen den Strich lesen: Wenn die Welt alles ist, was der Fall ist – könnte es sein, dass die Welt „nicht alles" ist? Die Antwort auf diese Frage gibt die Kunst. Nur sie hat für Adorno noch die „Würde des Absoluten" (Adorno, Dialektik der Aufklärung, S. 25). Das Heil tritt im Inkognito der Kunst auf. Um nun zu verstehen, wie Adorno die Erlösung ästhetisiert, muss man sich einen seiner Schlüsselbegriffe verdeutlichen: Leiderfahrung als Wahrheitsbedingung. Leid ist der Kompass, mit dem sich Adorno in der Moderne orientiert. Gerade das lädierte Subjekt, gerade das beschädigte Leben soll das Medium der Erkenntnis sein. Diese Paradoxie der Macht der Ohnmacht kennen wir ja von Paulus. Für den Negativismus der Kritischen Theorie ist die Leiderfahrung also eine Art archimedischer Punkt. Vom Leiden aus soll eine Ontologie der falschen Welt konstruiert werden. Doch bekanntlich gab ein Gott nur Künstlern, zu sagen, was sie leiden. Deshalb steuert Adornos ganzes Denken konsequent auf eine Christologie der Kunst zu. Die moderne Kunst opfert sich der Sinnlosigkeit, sie nimmt die Schuld der Welt auf sich und versagt sich dem schönen Schein. Und so heißt es im Blick auf die Musik der zweiten Wiener Schule: „Keiner will mit ihr etwas zu tun haben. Sie verhallt ungehört, ohne Echo." (Adorno, Philosophie der neuen Musik, S. 126) Das heißt aber im Klartext: Das moderne Kunstwerk besetzt die vakante Stelle Christi. Adornos letzte Philosophie ist eine Lehre vom ästhetischen Kreuz. Im ästhetischen Schein erscheint das ganz Andere und durchbricht den Absolutismus dessen, was ist. Es ist hier nicht der Ort, diese ästhetische Theorie der „Erlösung als ob" zurückzuweisen. Ich kann hier nur andeuten, dass Adornos Inversion der Theologie genau so kritisiert werden müsste, wie Robert Spaemann Blumenbergs Inversion der Teleololgie kritisiert hat.
ihn in Schande erkennen und...: 9/37 = WA Tischreden Nr. 3673
S. 19: „Das Christentum ist eine...: Harald Weinrich, Wie zivilisiert ist der Teufel?, S. 50
S. 20: „leider auch Theologie...: Johann Wolfgang von Goethe, Faust, Vers 356
S. 21: *Insofern Gott sich in Dunkel hüllt...*: 3/247 = WA 18, 685

S. 22: „wie es in Jesu Herzen ausgesehen...": Rudolf Bultmann, Glauben und Verstehen, Bd. I, S. 101. – Man sollte sich von der provozierenden Schärfe dieser Formulierung nicht irreführen lassen. Worum es Bultmann geht, ist, dass nicht Jesus mit seinen Sprüchen und Taten, sondern Paulus mit seiner Lehre vom Kreuz das Christentum gestiftet hat. Und das ist durchaus lutheranisch. Denn schon Luther entlastet uns von der theologischen Leistungsideologie einer imitatio Christi. Statt an der Persönlichkeit Jesu orientiere ich mich an einem gedruckten Buch, das, wie Bultmann sagt, vom Himmel gefallen ist.

S. 24: *Leiden, Leiden, Kreuz...*: 7/174 = WA 18, 310 – Wenn vom Kreuz die Rede ist, muss man immer im Auge behalten, dass der Tod am Galgen – und so muss man Kreuz wohl übersetzen – damals der schmählichste Tod war. Doch jetzt bekommt er ein neues Vorzeichen. Mit Bezug auf Johann Rists reformatorisches Lied „O Traurigkeit, o Herzeleid" bemerkt Hegel mit einer leichten, das Wesentliche herausarbeitenden Übertreibung: „‚Gott selbst ist tot', heißt es in jenem lutherischen Liede; dies Bewusstsein drückt dies aus, dass das Menschliche, das Endliche, Gebrechliche, die Schwäche, das Negative göttliches Moment selbst ist, in Gott selbst ist" (Georg Wilhelm Friedrich Hegel, Vorlesungen über die Philosophie der Religion, Bd. II, S. 297). Ich stimme Robert Shaeffer zu, wenn er sagt, die Umwertung des Kreuzes durch Paulus sei der größte semantische Coup der Weltgeschichte (vgl. dazu Shaeffer, Resentment against Achievement, S. 76). Und so ist sie auch zum Vorbild für Nietzsches antichristliche Umwertung der Werte geworden. Nietzsche hat die Umwertung der antiken Werte durch Paulus richtig als „Entnatürlichung der Natur-Werte" (Nietzsche, Werke Bd. II, S.1185) verstanden.

das leidende Leben...: 1/421 = WA 5, 165

Weinen gehet vor Wirken...: 5/116 = WA 18, 484. – Wenn also Goethe in seinem Faust, Verse 11936f, die Engel singen lässt „Wer immer strebend sich bemüht,/ Den können wir erlösen", dann ist das gerade der Irrtum, gegen den Luthers Lehre ankämpft.

S. 25: *Hauptwerk...*: 2/136 = WA 6, 234

Glauben von Gott...: 1/333 = WA 57, 233 . – Eine ganz ähnliche Unterscheidung, nämlich zwischen Sprechen über Gott und Sprechen von Gott, finden wir dann auch bei Dietrich Bonhoeffer und Rudolf Bultmann. Sie soll deutlich machen: „Einen Gott, den ‚es gibt', gibt es nicht" (Bonhoeffer, Akt u. Sein, S. 94).

Denn mit dem Glauben an...: 8/405f

S. 26: „ich hoffe zu Gott, dass ich...: Sören Kierkegaard, Einübung im Christentum, S. 299

„Verkündigung für Jedermann...: Max Weber, Wirtschaft und Gesellschaft, S. 380

„‚Glaube' ist das Auffangen...: Kurt Flasch, Kampfplätze der Philosophie, S. 266

ANMERKUNGEN

S. 27: *Bekennen ist ein groß Ding...*: WA 10, 210
Nimm die sicheren Gewissheiten...: 3/156 = WA 18, 603
S. 28: *erglaubt...*: 5/69 = WA DB 7, 420
„der Glaube der archimedische...: Rudolf Bultmann, Glauben und Verstehen, Bd. I, S. 37
S. 29: „Das eigentliche, einzige und...: Johann Wolfgang von Goethe, Noten und Abhandlungen zu besserem Verständnis des west-östlichen Divans, S. 123
„Verrat an Christus...: Karl Barth, Der Römerbrief, S. 207
S. 30: *so dass die leibliche Auferstehung...*: 8/181
„in jeder Zeile den starken...: Sören Kierkegaard, Abschließende unwissenschaftliche Nachschrift zu den Philosophischen Brocken, Bd. II, S. 70
S. 31: „Frömmigkeit ist eine...: Thomas Mann, Joseph und seine Brüder, S. 1280. – Die moderne Mode der „Selbstverwirklichung" unternimmt eine Verinnigung ohne Gott; man könnte sagen, sie säkularisiert die protestantische Innerlichkeit.
S. 32: *Das ist aber die rechte Änderung...*: 8/53. – Es gibt bei Luther einen sehr engen Zusammenhang zwischen Metanoia, Gehorsam und Gnade. Gegen das neuzeitliche Denken der Selbstbehauptung stellt er das Umdenken der Buße. Kraft des Gehorsams kann ich diese Umkehr schaffen. Daran schließt sich eine große Einsicht Karl Barths an: Gehorsam ist eine Kraft. Und sie ist stärker als der „freie Wille". Als bloße Willkür macht sich Freiheit nämlich abhängig von dem, was gerade attraktiv erscheint. Umgekehrt verträgt sich wirkliche Freiheit gut mit Gehorsam. Und entsprechend ist Befreiung für Luther nicht Emanzipation sondern Begnadigung.
anders werden und anders...: 3/352 = WA 50, 226
ein anderes, neues, reines...: 3/366 = WA 50, 250
sich selbst verlassen...: 5/141 = WA 18, 502
S. 33: „‚Welt' ist ein christliches...: Friedrich Nietzsche, Der Fall Wagner, Werke, Bd. II, S. 936
S. 34: *Wenn du nun vom Himmelreich...*: 8/391
Wenn du aber an den Sohn...: 8/66
S. 35: *mit Ernst des Herzens...*: 2/137 = WA 6, 235
im Nehmen von Gott...: 5/165 = WA 18, 522
„unsere Wünsche zu reinigen...: Joseph Ratzinger Benedikt XVI., Jesus von Nazareth, Bd. I, S. 171
S. 36: *gegen seinen Willen dem...*: 5/232 = WA 2, 101
gegen den eigenen Willen...: 1/237 = WA 56, 450. – Genau so will auch Martin Heidegger „willentlich dem Wollen absagen". Nicht nur seine frühe Philosophie ist abhängig von Luther. Gerade auch sein Spätwerk predigt die Entwöhnung vom Wollen. So sagt Heidegger in seiner kleinen Schrift über Gelassenheit, S. 30: „ich will das Nicht-Wollen".
Freiheit des Willens gibt es...: 1/385 = WA 1, 359

ganz gelassen, frei, willenlos...: 5/235 = WA 2, 104
S. 37: *der rechte Hauptbösewicht...*: 5/238 = WA 2, 105
dass dem Menschen ein freier...: 3/200 = WA 18, 638
dass du einen freien Willen...: 8/97f
„Abhängigkeit war immer...: Thomas Mann, Joseph und seine Brüder, S. 826
Arbeit an sich selbst...: 1/154 = WA 56, 257
fröhliche Bereitwilligkeit...: 1/153 = WA 56, 257
S. 38: „unter keinen Bedingungen...: Immanuel Kant, Kritik der reinen Vernunft, B 567
Ein Christenmensch ist ein...: 2/251 = WA 7, 21
frei und indifferent...: 1/267 = WA 57, 63
So ist der menschliche Wille...: 3/196 = WA 18, 635
S. 39: „aufgeklärter Titanismus...: Gerhard Nebel, Das Ereignis des Schönen, S. 36
„radikale Selbstentmächtigung...: Hans Blumenberg, Die Legitimität der Neuzeit, S. 630
„er ist ohne Maß, Gesetz...: Rudolf Otto, Das Heilige, S. 124
S. 41: „dass ich meinen guten Sohn...: Immanuel Kant, Der Streit der Fakultäten, A 102 Anm.
„Das Heilige ist die Schrecknis...: Jacob Taubes, Abendländische Eschatologie, S. 258
S. 42: „Wo es bei uns nur ein zauderndes...: Johan Huizinga, Herbst des Mittelalters, S. 26
Gottes Mummerei...: WA 15, 373
S. 43: „Wer den Schmerz, die...: Florens Christian Rang, Shakespeare als Christ, S. 118
zwei in ihrer Natur einander...: 5/161 = WA 18, 518
S. 45: „Das Leben, wie es uns...: Sigmund Freud, Das Unbehagen in der Kultur, S. 432
„gottloses Sündengefühl...: Max Weber, Wirtschaft und Gesellschaft, S. 348
Nun sind wir insgemein alle...: 3/146 = WA 30 I, 235
S. 46: „Die eigentliche Sünde...: Rudolf Bultmann, Glauben und Verstehen, Bd. I, S. 196. – Günter Klein schreibt, „dass das Gesetz von der Sünde verhängnisvoll für deren eigene Zwecke instrumentalisiert worden ist, nämlich dazu, menschlichem Selbstverwirklichungsdrang den Katalysator zu machen." (Günter Klein, Vernehmen statt Erklären, S. 204) Diese katalysierende Wirkung des Gesetzes hängt an seiner Schriftlichkeit. Denn Schrift objektiviert das Gesetz. Damit stehe ich dem Gesetz gegenüber. Und das verführt mich dazu, mich dem Gesetz entgegenzusetzen. So nimmt die Sünde die Gestalt der Gesetzesübertretung an – vgl. dazu Werner Kelber, The Oral and the Written Gospel, S. 163f. Paulus stellt nun diesem unerfüllbaren Gesetz im Galaterbrief 6, 2 das Gesetz Christi gegenüber, das erfüllt werden kann, wenn einer des anderen Last trägt. Doch was ist

damit gemeint? Einer trage des anderen Last, das meint eine ganz besondere Entlastung. Denn bei Paulus heißt es weiter: Wenn jemand meint, er sei etwas, obwohl er doch nichts ist, der betrügt sich selbst. Das bedeutet aber für jeden: Nimm dich selbst nicht so schwer. Mit deiner Ruhmsucht überlastest du dich selbst! Rein formal besteht diese Entlastung also darin, dass Paulus das gesamte Gesetz in einem einzigen Logos zusammenfasst: Nächstenliebe.

S. 48: *Die Sünde, in der wir geboren...*: 3/312 = WA 18, 770
wie schwer es ist...: 1/135 = WA 56, 232
den Vorteil, dass sie...: 3/84 = WA 30 I, 649
die Sünde klebt hinten...: 4/202 = WA 19, 507
Gott ist den Sündern nicht...: 2/140 = WA 6, 237

S. 49: „Ist man ein Vieh...": Thomas Mann, Joseph und seine Brüder, S. 1150

S. 50: *Erbsünde ist eine so ganz...*: 3/350 = WA 50, 221
Erbsünde nach Adams...: 4/297 = WA 39 I, 84. – Hier bietet sich auch eine funktionalistische Interpretation des Erbsünde-Dogmas an. Mit Jesus Christus beginnt die Geschichte des Menschen neu. Es gibt nun ein Ante und Post. Alles, was „ante" war, können wir kompakt behandeln, eben unter dem Titel Erbsünde. So entsteht das christliche Selbstbewusstsein aus dem Sündenfall. Das christliche Selbst ist von Anfang an zerrissen. Das Gesetz produziert das unglückliche Bewusstsein. Mit anderen Worten: Der Christ erfährt seine Identität als Selbstwiderspruch. Vgl. hierzu Werner H. Kelber, The Oral and the Written Gospel, S. 162

S. 51: *Der Mensch kann von Natur...*: 1/356 = WA 1, 225

S. 52: „der Nächste eine Versuchung...": Sigmund Freud, Das Unbehagen in der Kultur, S. 470f
„Das sterbliche Wesen kann...": Hans Blumenberg, Matthäuspassion, S. 95. – Schon in den Bekenntnissen des Augustinus findet sich dafür ein eindrucksvoller Beleg: die Geschichte vom Neid auf den Milchbruder. Die bekannteste Variante dieses Gedankens und damit die immer noch aktuellste Fassung des Erbsünde-Dogmas bietet aber Freuds Lehre vom Ödipus-Komplex. Wir alle sind in die Geschichte des mörderischen Sohnes verstrickt. Und ihr Fazit lautet: Existenz ist Schuld. Eine formalistischere Variante dieses Gedankens findet sich dann bei Heidegger, der von einer Art Strukturschuld des Daseins ausgeht: Weil ich aus Möglichkeiten wählen muss (Endlichkeit!), bleibe ich immer hinter meinen Möglichkeiten zurück.

S. 54: *dass ‚Fleisch' nicht nur...*: 1/276 = WA 57, 77
geilen Adam...: 2/152 = WA 6, 246

S. 55: *Freilich ists wahr, dass...*: 7/303 = WA 10, 300
„Luthers Verdienst ist...": Friedrich Nietzsche, Zur Genealogie der Moral, Werke Bd. II, S. 840

S. 56: *Die schwersten Anfechtungen...*: 9/246 = WA Tischreden Nr. 3107

S. 57: *Außer dem Kreuz und...*: 9/34 = WA Tischreden Nr. 2126

ANMERKUNGEN

„Mit der Wirklichkeit...: Helmuth Plessner, Grenzen der Gemeinschaft, S. 126
Wahn der Gerechtigkeit...: 4/293 = WA 39 I, 53
S. 58: *denn in der Seele und...*: 8/144
Wenn wir einen solchen Teufel...: 9/18 = WA Tischreden Nr. 352
S. 59: „Gott als Illusion...: Joseph Ratzinger Benedikt XVI, Jesus von Nazareth, Bd. I, S. 57
„Der Versucher ist nicht...: Joseph Ratzinger Benedikt XVI, Jesus von Nazareth, Bd. I, S. 70
S. 60: *Denn Ehren ist ein viel...*: 3/38 = WA 30 I, 147
S. 61: „die Bauern zuerst verführt...: Ernst Bloch, Thomas Münzer, S. 109
S. 62: *Es nimmt ein Reiter einem...*: 5/319, 317 = WA 7, 582f
„Hybris der Negation...: Karl Barth, Der Römerbrief, S. 461
S. 63: „Kohlhaas ist der Immanuel...: Ernst Bloch, Naturrecht und menschliche Würde, S. 96
höheren Gehorsam...: 8/80
Ein Christ ist durch...: 9/191 = WA Tischreden Nr. 1959
Denn der Obrigkeit soll...: 7/47 = WA 11, 277
S. 64: „die beiden außeralltäglichen...: Max Weber, Gesammelte Aufsätze zur Religionssoziologie Bd. I, S. 270
Und du sollst wissen...: 7/36 = WA 11, 267f
S. 65: „Das Mittelalter ist zu...: Rudolph Sohm, Kirchenrecht Bd. I, S. 544
„der Tatsache, dass wir in...: Max Weber, Politik als Beruf, S. 82. – Der Protestantismus war ein Probelauf der Moderne: ohne Schutz der Kirchen- und Klostermauern, ohne Beichte, ohne Riten, ohne archaische Autorisierung. Die Verhaltensmetaphern des Rituals sind geschwunden. Schon mit seinen Thesen, die 1517 den Startschuss für die Reformation geben, macht Luther uns das christliche Leben schwerer: Die Entlastung durch den Ablass, dass man nämlich mit Gott ins Geschäft kommen kann, entfällt.
„theologischer Machiavell...: Ernst Bloch, Thomas Münzer, S. 134
S. 66: „der Begriff ‚Christ' ist...: Sören Kierkegaard, Augenblick Nr. 3,1 (27. Juni 1885)
„wahre ursprüngliche Natur...: Georg Wilhelm Friedrich Hegel, Phänomenologie des Geistes, S. 351
Sic homo Christianus...: WA 40 I, S. 368. – Auch das ist ein semantischer Coup: So wie des Paulus Wort vom Kreuz die Umwertung der antiken Werte darstellt, ist Luthers „simul" die Lösung des Problems der Parusieverzögerung. Statt vorher / nachher heißt es jetzt: zugleich.
S. 67: „Unterwerfung und...: Blaise Pascal, Über die Religion, Fragment 269
„andere Welt, die wir...: Immanuel Kant, Der Streit der Fakultäten, A 117. – Luther dagegen emanzipiert den Glauben von der Moral. In der Moral steht der Mensch nur vor der Gesellschaft, im Sündenbewusstsein aber steht der Mensch vor Gott. Sünde gibt es nur

vor Gott. Die Moralität des Menschen kann also nie die Basis des Gottesdienstes sein. Das wird durch die Rechtfertigungslehre klargestellt. Der Einzelne steht höher als die Allgemeinheit. Das Ethische ist gerade nicht die höchste Kategorie. Deshalb spielt die Ausnahme dann bei Kierkegaard die Hauptrolle, weil in ihr das Ethische durch das Religiöse außer Kraft gesetzt wird. Von Wundern möchte heute natürlich niemand mehr sprechen. Aber außerreligiös hat die Ausnahme doch wieder das Interesse gefunden, das ihr gebührt, und zwar in der Politik genau so wie in der Wirtschaft. In der Politik ist es das Interesse am extremen Fall, dem Ausnahmezustand (Carl Schmitt). In der Wirtschaft ist es das Interesse am extremen, seltenen Ereignis, dem schwarzen Schwan (Nassim Nicolas Taleb).
„Gott der Liebe...: Max Weber, Politik als Beruf, S. 85
S. 68: „Ethik der Würdelosigkeit...: Max Weber, Politik als Beruf, S. 78
„Aus dem Ringen des...: Franz Lau, Luthers Lehre von den beiden Reichen, S. 25
S. 69: *doch mit Unterschied...*: 5/225 = WA 2, 96
in sich selbst gegen...: 5/226 = WA 2, 96
Reich zur linken Hand...: 8/29
S. 70: *keine Beziehung zum...*: 9/180 = WA Tischreden Nr. 3126
„Weltlockerung...: Jacob Taubes, in: Wovon werden wir morgen geistig leben?, S. 136. Vgl. dazu auch Karl Barth, Der Römerbrief, S. 221
„als etwas, was uns nicht...: Martin Heidegger, Gelassenheit, S. 22f. – Der Gott der Philosophen ist hier natürlich längst preisgegeben. Aber Bultmann hat in Heideggers Seinsbegriff den Versuch einer „formalen Bestimmung des Gottesgedankens" (Bultmann, Glauben und Verstehen Bd. IV, S. 106) erkannt. Und das, was im Neuen Testament Welt heißt, heißt bei Heidegger das Man.
S. 71: „in der Distanz des ‚als...: Rudolf Bultmann, Glauben und Verstehen Bd. II, S. 78. – Rudolf Bultmanns großes Projekt der Entmythologisierung hat sich selbst als „radikale Anwendung von der Lehre von der Rechtfertigung durch den Glauben auf das Gebiet des Wissens" verstanden. Was die Rechtfertigungslehre für die Werke, ist die Entmythologisierung für das Wissen. So wie Luthers Lehre von der Rechtfertigung durch den Glauben jede Sicherheit auf der Grundlage guter Werke unmöglich macht, so will die Entmythologisierung dem Menschen, der an Gott glauben will, die Sicherheitsbasis Wissen entziehen. In diesem doppelten Vakuum lebt der Christ. Bultmann resümiert in typisch Lutherscher Dialektik: „Wer jede Form der Sicherheit aufgibt, wird wahre Sicherheit finden. Der Mensch hat immer leere Hände vor Gott." (Bultmann, Glauben und Verstehen Bd. IV, S. 188)
„Sein im ὡς μὴ...: Rudolf Bultmann, Glauben und Verstehen Bd. II, S. 132
Gott Essen und Trinken...: 7/139 = WA 30, 187 . – Nur die Vollkommenheitsethik diskriminiert Reichtum als Superfluum und for-

dert Askese (Matthäusevangelium 19,21). Die gute Nachricht des Evangeliums lautet nicht „soziale Gerechtigkeit". Die hier einschlägige Stelle aus dem Matthäusevangelium lautet: *Wenn du vollkommen sein willst, geh, verkauf deinen Besitz und gib das Geld den Armen* – εἰ θέλεις τέλειος (ei theleis teleios): wenn du vollkommen sein willst! Diese alles entscheidende Einschränkung überliest die Theologie des Sozialen.

S. 72: „der mönchischen Entsagung...: Georg Wilhelm Friedrich Hegel, Vorlesungen über die Geschichte der Philosophie. S. 53
„Die Rückkehr Luthers aus...: Dietrich Bonhoeffer, Ethik. S. 198

S. 73: „Preußentum ist das den...: Gerhard Nebel, Das Ereignis des Schönen, S. 289. – So wie in der Philosophie der Pfarrerssohn Nietzsche die neuzeitliche Konsequenz aus der Reformation zieht – ohne Gott! –, so zieht das Preußentum die politische Konsequenz – ohne Gott. Die Pflicht ersetzt den Glauben. Wenn ich hier auf die außerordentliche Bedeutung hinweise, die der Beruf in Luthers Lehre gewinnt, dann soll damit nicht der Unterschied zum Calvinismus verwischt werden. Aus Luther und Calvin folgen nämlich zwei diametral entgegengesetzte Formen der Lebensführung. „Dem Luthertum fehlt eben, und zwar infolge seiner Gnadenlehre, der psychologische Antrieb zum Systematischen in der Lebensführung, der ihre methodische Rationalisierung erzwingt." So Max Weber, Gesammelte Aufsätze zur Religionssoziologie Bd. I, S. 128

S. 74: „Etwas Neues entstand...: Walter Benjamin, Ursprung des deutschen Trauerspiels, S. 317
Gute, fromme Werke...: 2/265f = WA 7, 32 – Es gibt einen glatten Widerspruch zwischen Römerbrief 2,5f und 3,28. Erst schreibt Paulus, am Tag des Gottesgerichts werde Gott jedem vergelten, wie es seine Taten verdienen. Oder wie Luther κατὰ τὰ ἔργα (kata ta erga) wörtlicher übersetzt: Gott wird einem jeden geben nach seinen Werken. Dann aber heißt es, der Mensch werde gerecht χωρὶς ἔργων νόμου (choris ergon nomou), also unabhängig von Werken des Gesetzes. Es ist dieser Widerspruch, den Luthers Zwei-Reiche-Lehre auflösen will.
Nicht dass du denkst...: 8/70

S. 75: „die obszöne Selbsterhitzung...: Günter Klein, Vernehmen statt Erklären, S. 396

S. 77: *Denn wenn seine Gerechtigkeit...:* 3/328 = WA 18, 784. – Dieser theologischen Logik kann man durchaus folgen. Aber dass Luther ausgerechnet jenem Esau Heuchelei nachsagt, ist schwer nachzuvollziehen. Verständlich wird es nur dadurch, dass Esau als Deckfigur für die geheuchelte Frömmigkeit der Kirche herhalten muss – vgl. WA 43, 529

S. 78: *Deshalb muss man zuerst...:* 1/108 = WA 56, 158
wunderbare, neue Definition...: 1/269 = WA 57, 69
Das ist eine besonders...: 8/220

ANMERKUNGEN

Ich konnte den gerechten...: 2/19 = WA 54, 185
Mit so großem Hass...: 2/20 = WA 54, 186
S. 79: „Buchung zugunsten...: Karl Barth, Der Römerbrief, S. 97
gleichzeitig als Sünder...: 1/173 = WA 56, 270
gleichzeitig gerecht ist...: 1/191 = WA 56, 347
Ich, der ganze Mensch...: 1/191 = WA 56, 347
S. 80: *immer Sünder, immer...*: 1/230 = WA 56, 442
zwei in ihrer Natur...: 8/434
„Heil im Wechsel der...: Hans Blumenberg, Matthäuspassion, S. 253
Wiedergeburt...: 4/285 = WA 39 I, 48 – Im Zentrum des theologisch durchreflektierten Protestantismus steht auch heute noch die Rechtfertigungslehre. Aber nach Paul Tillich und Klaus Heinrich muss sie modernisiert werden. Es geht nicht mehr um die Rechtfertigung des Sünders, sondern um die Rechtfertigung des Zweiflers. Es geht nicht mehr um das Gefühl der Schuld, sondern um das Problem der Sinnlosigkeit.
S. 81: „Mut, sich zu bejahen...: Paul Tillich, Der Mut zum Sein, S. 163. – Im englischen Original heißt es noch klarer: „Accepting acceptance though being unacceptable" (Tillich, Courage to Be, S. 152). Hier wird das Schuldbewusstsein geradezu zum Zeichen der Auserwähltheit. Der Gequälte ist der Erwählte. Oder vorsichtiger formuliert: Die Menschwerdung des Menschen führt durch das Schuldbewußtsein.
„Zeitalter, die kein...: Heinz-Dieter Kittsteiner, „Von der Gnade zur Tugend", S. 135
„Die Theologie der Gnade...: Niklas Luhmann, Funktion der Religion, S. 112
S. 82: *Ich soll auf das sehen...*: 5/106 = WA 24, 13
S. 83: *geht der Gnade nichts...*: 1/357 = WA 1, 225
S. 86: *er sich außerhalb seiner...*: 1/260 = WA 56, 517
ein Christenmensch lebt...: 2/273 = WA 7, 38
„hellen und fast kühlen...: Max Scheler, Das Ressentiment im Aufbau der Moralen, S. 64
„Eine direkte allgemeine...: Karl Barth, Der Römerbrief, S. 437. -Bei Luther heißt es: *ut diligamus indiligibiles* (WA 20, 763). Vgl. auch die gute Formulierung „to love those we don't like"; so Joseph Fletcher, Situation Ethics, S. 108
S. 87: „Im Christentum handelt...: Rudolf Bultmann, Glauben und Verstehen Bd. I, S. 237
weil sie dessen mehr bedürfen...: 6/187 = WA 36, 360
S. 88: *Denn die Hand, die...*: 7/55 = WA 19, 626
ein freies, williges...: 2/270 = WA 7, 36
S. 89: „Schema des Eros...: Karl Barth, Der Römerbrief, S. 419
„Auszug aus sich selbst...: Joseph Ratzinger Benedikt XVI, Jesus von Nazareth, Bd. I, S. 130

Gott ist ein glühender...: 4/89 = WA 10 III, 56
S. 90: *und kostet nicht mehr...*: 8/401
„Hörereich...": Franz Lau, Luthers Lehre von den beiden Reichen, S. 27 Anm. – Das macht die ungeheure Bedeutsamkeit der Musik im Protestantismus deutlich. Man denke nur an die großartigen Kirchenlieder Paul Gerhardts, Bachs Matthäuspassion oder die faszinierende Konstellation von Protestantismus, Musik und deutscher Seele in Thomas Manns Doktor Faustus. Das Heil liegt nicht im Denken. Dem Gotteswort soll unter den Medienbedingungen der Neuzeit nicht das gleiche widerfahren, was dem griechischen Logos durch Sokrates widerfahren ist, nämlich zum „Logos ohne Melos" (Friedrich Kittler, Musik und Mathematik I/2, S. 86) zu erstarren. Es geht hier, um es mit Walter Ong zu sagen, um die Präsenz des Wortes als Sound. Deshalb heißt es bei Luther: singen und sagen. Und im Medium Schrift kann singen natürlich nur heißen: große Rhetorik. Das beweist gerade auch der Anti-Luther Nietzsche. Er hat seinen Zarathustra als Gegen-Evangelium gefeiert: eigentlich kein Buch, sondern Musik. Am 27. Oktober 1887 schreibt er an Peter Gast, „eine Wiedergeburt in der Kunst zu hören" sei die Voraussetzung dafür gewesen. Und entsprechend lautet die Selbstkritik an seinem genialen Frühwerk über die Geburt der Tragödie, er hätte nicht schreiben sondern singen sollen. Nicht anders heißt es in Luthers Lied: singen und sagen.
die Augen geschlossen...: 1/222 = WA 56, 417. – Die Augen zeigen mir die empirische Welt. Das Ohr offenbart mir das Reich Christi, „ein hör Reich, nicht ein sehe Reich." (WA 51, 11)
S. 91: *Denn Glaube ist...*: 1/326 = WA 57, 221. – So heißt es auch bei Martin Heidegger, Heraklit, S. 260: „Das Ohr, das nötig ist zum rechten Hören, ist der Gehorsam."
„Muss man ihnen erst...: Friedrich Nietzsche, Sämtliche Werke, Bd. 4, S.18
Die Ohren sind darum...: 1/327 = WA 57, 222. – So auch der katholische Lutheraner Martin Heidegger, Sein und Zeit, S. 163f: „Das Hören konstituiert sogar die primäre und eigentliche Offenheit des Daseins für sein eigenstes Seinkönnen."
„prüft seine Sätze...: Richard Friedenthal, Luther, S. 376
„Zeuge des Logos...: Hans Blumenberg, Matthäuspassion, S. 236. – Gerade in einem Aufsatz über das Licht als Metapher der Wahrheit heißt es: „Das Unerwartete und Ungegenwärtige, rein Ereignishafte der ‚Gnade' kommt in der Sprache des ‚Hörens' heraus." (Hans Blumenberg, Ästhetische und metaphorologische Schriften, S. 163) – Wer sich fragt, wie es überhaupt zu einer reinen Schriftreligion gekommen ist, die sich mit einem unsichtbaren Gott begnügt und sich ausschließlich auf sein Wort verlässt, findet eine faszinierende Antwort bei Freud, der sich am Ende seines Lebens sehr eingehend mit dem Mann Moses beschäftigt hat. Die Geschichte, die Freud er-

zählt, ist so genial wie einfach: Der Mann Moses, ein häretischer Ägypter, wurde zum realen Vater der Juden, die an seinem Bild die strengen Züge ihres Monotheismus ablasen. Und nach dem Gesetz des nachträglichen Gehorsams wurde Moses als symbolischer Vater dann mächtiger als es der reale je war. Keine entschiedenere Abwendung von der altägyptischen Lust an der Verkörperung von Göttern ist denkbar als dieser Kult des einzigen und unnahbaren Gottes, den ein Tabu von Bild und Namen schützt. Freud hat die Verehrung eines Gottes ohne Namen und Angesicht als Ausdruck einer triumphalen Vergeistigung gedeutet, die den Preis eines gewaltigen Triebverzichts und einer radikalen Entwertung der sinnlichen Wahrnehmung forderte. So hat das Verbot der Bilder, das sich in einer vollständigen Entmaterialisierung Gottes manifestiert, die Juden zum Volk der Schrift gemacht. Ihre Religion ist ganz im Buch, ihr Gottesverhältnis ganz im Hören fundiert: Gottes Wort ist an die Stelle des Gottes-Bildes getreten.

„es heute nötig ist...: Friedrich Nietzsche, Sämtliche Werke, Bd. 12, S. 41

„Behauptungswut...: Kurt Flasch, Das philosophische Denken im Mittelalter, S. 595

S. 93: *Glaubensgehorsam...:* 1/336 = WA 57, 236
habe ich nicht dem Papst...: 4/54 = WA 8, 683
„Es blieb nicht bei bloßen...: Gerhard Ebeling, Luther, S. 70. – Luther ist eben nicht nur ein blendender Dialektiker, sondern auch ein großer Rhetoriker. WA 40 II, 28 ordnet Luther der Dialektik den Glauben, den Verstand und die Klugheit zu, zur Rhetorik gehören dagegen die Hoffnung, der Wille und die Tapferkeit. Das ist leicht zu verstehen. Die Dialektik braucht man um das Denken zu belehren, die Rhetorik braucht man um den Willen zu bewegen. Und es ist eben Luthers großer dialektischer Trick, dass sich sein rhetorischer Absolutismus der einfältigen Muttersprache bedient.

S. 94: „den Widerstand mit...: Franz Lau, Luthers Lehre von den beiden Reichen, S. 71
als die Zunge, welche...: 3/71 = WA 30 I, 174

S. 95: „die Botschaft seines...: Rudolf Bultmann, Glauben und Verstehen Bd. I, S. 264
„Dass des Gesprochenwerdens...: Rudolf Bultmann, Glauben und Verstehen Bd. II, S. 261
nicht mit der Feder...: 5/202 = WA 10, 17

S. 97: *Es meinen wohl etliche...:* 7/254f = WA 30, 573

S. 98: „eine andere Tragfähigkeit...: Hans Blumenberg, Matthäuspassion, S. 48

S. 99: *man muss die Mutter...:* 5/85 = WA 30, 637
die Leute treiben mit...: Martin Luther, Erlanger Ausgabe Bd 22, S. 52

S. 100: „Er ist auf eine sehr...: Richard Friedenthal, Luther, S. 221

„die konkrete Situation...: Rudolf Bultmann, Glauben und Verstehen, Bd. I, S. 100
„der Gutenbergmensch...: Egon Friedell, Kulturgeschichte der Neuzeit, S. 285. – So sehr ich als Medienwissenschaftler natürlich versucht bin, die Bedeutung der Gutenberg-Technologie für die „Umwertung des Schreibens und Lesens zu einer elementaren, unverzichtbaren Kulturfähigkeit" als ausschlaggebend zu betrachten, stimme ich doch Michael Giesecke zu, der ihren Triumph letztlich auf die reformatorische Bewegung zurückführt. „In den Glaubenskämpfen der frühen Neuzeit erfährt die neue Technologie ihre Nagelprobe." (Michael Giesecke, Sinnenwandel Sprachwandel Kulturwandel, S. 126) Vgl. in diesem Zusammenhang auch Gieseckes kluge Bemerkungen über die Christen als typographische Kommunikationsgemeinschaft (Giesecke, a.a.O., S. 230). Mit Luthers solascriptura-Prinzip wird das Lesen (der Bibel) wichtiger als jede andere Erfahrungsform.

S. 101: „entvölkert unsere Kirchen...: Franz Overbeck, Über die Christlichkeit unserer heutigen Theologie, S. 139f
„Verrat am Kreuz...: Thomas Mann, Betrachtungen eines Unpolitischen, S. 550
„opiatischen Christentum...: Friedrich Nietzsche, Sämtliche Werke Bd. 12, S. 138

S. 102: „kraftvolle Männer so oft...: Max Weber, Wirtschaft und Gesellschaft, S. 345

S. 103: „dass mit dem Kreuz Jesu...: Rudolf Bultmann, Glauben und Verstehen, Bd. III, S. 205
„wenn sie auch dann noch...: Niklas Luhmann, Funktion der Religion, S. 199
„der noch an den ‚toten...: Hans Blumenberg, Matthäuspassion, S. 221

S. 104: „Der freiheitliche, säkularisierte...: Ernst-Wolfgang Böckenförde, Der säkularisierte Staat, S. 71 . – Und das ist ersichtlich nicht mehr die Freiheit eines Christenmenschen. Der christliche Glaube entgöttert und verweltlicht zwar die Welt. Doch die Neuzeit hat die Freiheit eines Christenmenschen, die so möglich wurde, zur Säkularisierung halbiert.
„dass die Theologie stets...: Franz Overbeck, Über die Christlichkeit unserer heutigen Theologie, S. 216f

S. 105: „Gerade das Unhandliche...: Karl Barth, Der Römerbrief, S. 509
„Je mehr man sich von...: Friedrich Nietzsche, Morgenröte, Werke Bd. I, S. 1103
„Das Ich und das Soziale...: Simone Weil, Schwerkraft und Gnade, S. 57 . – Genau das meint auch Benedikt XVI mit der „Verhaftung an das Ich und das Man" als Signatur der sündhaften Welt (Joseph Ratzinger Benedikt XVI, Jesus von Nazareth, Bd. I, S. 233)

S. 106: „Die Entscheidungen der...: Ulrich Beck, Risikogesellschaft, S. 217

ANMERKUNGEN

S. 108: „Auf der kopernikanischen...: Jacob Taubes, Abendländische Eschatologie, S. 145; vgl. auch S. 167: „Der katholische Christ verdient sich ex opere operato die Früchte der Gnade, der protestantische Christ, da er auf der kopernikanischen Erde steht und keinen Himmel mehr über sich sieht, dem er sein Werk opfern könnte, lässt sich die Gnade frei schenken, als reine Gnade."

S. 109: *Gott ist aber höchst...*: 1/136 = WA 56, 234; vgl. auch 3/280 = WA 18, 712: *für seinen Willen gibt es keine Ursache noch Grund.*
„souverän, unbedingt...: Karl Barth, Der Römerbrief, S. 331

S. 110: „Die Logik der Selbsterhaltung...: Karl Löwith, Weltgeschichte und Heilsgeschehen, S. 144

S. 111: „immanente Teleologie...: Hans Blumenberg, Geistesgeschichte der Technik, S. 131
„Religion scheint das...: Robert Spaemann, Das unsterbliche Gerücht, S. 115. – Es gibt also einen engen Zusammenhang zwischen neuzeitlicher Selbstermächtigung und dem Funktionalismus sozialer Systeme. Die neuzeitliche Selbsterhaltung hat zwei Problemdimensionen, nämlich Rivalität und Komplexität. Das Problem der Komplexität führt zur Systemerhaltung und damit zu einem funktionalistischen Selbstverständnis der Gesellschaft. Das Problem der Rivalität provoziert die Selbststeigerung, oder um es mit Nietzsche zu sagen: den Willen zur Macht. Selbsterhaltung ist für Nietzsche deshalb nur ein defizitärer Modus des Willens zur Macht. „‚Wille' als Schadenersatz für ‚Glaube'" (Nietzsche, Sämtliche Werke Bd. 12, S. 236) lautet eine für unser Thema wichtige Formel Nietzsches. Denn wenn Gott tot ist, brauchen wir ein neues „Rückgrat". Der sich selbst überlassene menschliche Wille ist Selbstbehauptung. Aber wir sehen heute, dass sie genau so gescheitert ist wie der Versuch einer Selbsterkenntnis durch Selbstanalyse. Deshalb blicken wir zurück auf Luthers Weg, der von der Selbstbehauptung der Vernunft weg und hin zur Selbsttranszendenz der Gottesliebe führt.

S. 112: *an die Stelle des Glaubens...*: 8/359
„verunwirklicht...: Odo Marquard, Aesthetica und Anaesthetica, S. 86
„Vor und mit Gott...: Dietrich Bonhoeffer, Widerstand und Ergebung, S. 192

S. 113: „Der Tod Gottes machte...: Hans Blumenberg, Matthäuspassion, S. 306
„Übertribunalisierung...: Odo Marquard, Aesthetica und Anaesthetica, S. 119
„Rechtfertigungsunbedürftigkeit...: Odo Marquard, Abschied vom Prinzipiellen, S. 50
„tribunalen Existenz...: Rudolf Bilz, Paläoanthropologie, S. 363

S. 114: „regeneration by relaxing...: William James, The Varieties of Religious Experience, S. 111

S. 116: „Der Therapeut hat den...: Rudolf Bultmann, Glauben und Verstehen, Bd. III, S. 125

S. 118: „Aber der Grund...: Robert Spaemann, in: Wahrheitsansprüche der Religionen heute, S. 234
„Offenbarungseindrücken...: Karl Barth, Der Römerbrief, S. 54
S. 119: *Weg, weg, Vernunft...*: 8/292 – Luther nimmt es als ein Zeichen für die Wahrheit seiner Lehre, dass so viele kluge Menschen Anstoß daran nehmen. Aus jeder Zeile seiner Schriften spricht sein Selbstbewusstsein, der Prophet der Deutschen zu sein. Da es ihm aber vor allem auch um die Reinheit der Lehre geht, ergibt sich eine charakteristische Schwierigkeit. Die Lehre ist die einzige Möglichkeit, den Menschen die Wahrheit nahe zu bringen. Je näher die Lehre aber der Wahrheit kommt, desto untauglicher wird sie als Mittel der Wahrheit, denn sie verliert an Lehrbarkeit. Diese Problematik hat Thomas Mann in seinem Josephsroman einem Gespräch zwischen Amenhotep und seiner Mutter Teje eingelegt. Wir müssen fragen: Fesselt die Aufgabe der Lehre den Gottesgedanken? Hier ist das gefragt, was Gerhard Ebeling theologische Urteilskraft genannt hat. Konkret heißt das: Wer predigt, muss unterscheiden, wem was zu predigen ist. *Eine jegliche Lehre hat ihr Maß, Zeit und Alter.* (5/59 = WA DB 7, 24) Und dabei können die kindlichen Bilder der Bibel, die zu einfältigen Herzen sprechen, der Wahrheit näher sein als die philosophische Spekulation.
„Wenn das Christentum...: Ludwig Wittgenstein, Vermischte Bemerkungen, S. 197
„vom Standpunkt der...: Theodor W. Adorno, Minima Moralia, § 153
S. 120: „Der Glaube hat das...: Martin Heidegger, Seminare, S.437
Wenn ich also auf irgendeine...: 3/194 = WA 18, 633
S. 121: „Wenn Du also im Religiösen...: Ludwig Wittgenstein, Vermischte Bemerkungen, S. 163
„Man muss entweder...: Sören Kierkegaard, Einübung im Christentum, S. 39
S. 122: „Der Mut Luthers...: Paul Tillich, Der Mut zum Sein, S. 188

LITERATURVERZEICHNIS

Theodor W. Adorno, Ästhetische Theorie, Gesammelte Schriften Bd. 7, Frankfurt am Main
ders., Dialektik der Aufklärung, Frankfurt am Main 1969
ders., Minima Moralia, Frankfurt am Main 1977
ders., Negative Dialektik, Gesammelte Schriften Bd. 6, Frankfurt am Main
ders., Philosophie der neuen Musik, Gesammelte Schriften Bd. 12, Frankfurt am Main
Hugo Ball, Die Flucht aus der Zeit, Luzern 1946
Karl Barth, Der Römerbrief, neue Bearbeitung von 1922, Zürich 1940
Walter Benjamin, Ursprung des deutschen Trauerspiels, Gesammelte Schriften Bd. I, Frankfurt am Main 1974
Ulrich Beck, Risikogesellschaft, Frankfurt am Main 1986
Rudolf Bilz, Paläoanthropologie, Frankfurt am Main 1971
Ernst Bloch, Naturrecht und menschliche Würde, Gesamtausgabe Bd. 6, Frankfurt am Main
ders., Thomas Münzer, Gesamtausgabe Bd. 2, Frankfurt am Main
Hans Blumenberg, Ästhetische und metaphorologische Schriften, Frankfurt am Main 2001
ders., Geistesgeschichte der Technik, Frankfurt am Main 2009
ders., Die Legitimität der Neuzeit, Erneuerte Ausgabe, Frankfurt am Main 1996
ders., Matthäuspassion, 3. Aufl., Frankfurt am Main 1991
Ernst-Wolfgang Böckenförde, Der säkularisierte Staat, München 2007
Dietrich Bonhoeffer, Akt und Sein, 4. Aufl., München 1976
ders., Ethik, München 1953
ders., Widerstand und Ergebung, 21. Aufl., Gütersloh 2013
Rudolf Bultmann, Glauben und Verstehen, Bde I-IV, 5. Aufl., Tübingen 1964
Gerhard Ebeling, Luther, 4. Aufl., Tübingen 1981
Kurt Flasch, Kampfplätze der Philosophie, Frankfurt am Main 2008
ders., Das philosophische Denken im Mittelalter, Stuttgart 1987
Joseph Fletcher, Situation Ethics, Louisville 1966
Sigmund Freud, Das Unbehagen in der Kultur, Gesammelte Werke Bd. XIV, London 1948
Egon Friedell, Kulturgeschichte der Neuzeit, München 1974
Richard Friedenthal, Luther, München 1982
Michael Giesecke, Sinnenwandel Sprachwandel Kulturwandel, Frankfurt am Main 1992

Johann Wolfgang von Goethe, Faust, Werke Bd. III, Hamburger Ausgabe
ders., Noten und Abhandlungen zu besserem Verständnis des west-östlichen Divans, Berlin 1951
Georg Wilhelm Friedrich Hegel, Phänomenologie des Geistes, 6. Aufl., Hamburg 1952
ders., Vorlesungen über die Geschichte der Philosophie, Werke Bd. 20, Frankfurt am Main 1971
ders., Vorlesungen über die Philosophie der Religion, Bd. II, Werke Bd. 17, Frankfurt am Main 1969
Martin Heidegger, Gelassenheit, 15. Aufl., Stuttgart 2012
ders., Heraklit, Frankfurt am Main 1970
ders., Sein und Zeit, 15. Aufl., Tübingen 1986
ders., Seminare, Gesamtausgabe Bd. 15, Frankfurt am Main 1986
Johan Huizinga, Herbst des Mittelalters, 11. Aufl., Stuttgart 1975
William James, The Varieties of Religious Experience, New York 1985
Immanuel Kant, Der Streit der Fakultäten, Königsberg 1798
ders., Kritik der reinen Vernunft, 2. Aufl., Riga 1787
Werner H. Kelber, The Oral and the Written Gospel, Bloomington 1997
Sören Kierkegaard, Abschließende unwissenschaftliche Nachschrift zu den Philosophischen Brocken, Bd. II, 3. Aufl., Gütersloh 1994
ders., Der Augenblick, Jena 1923
ders., Einübung im Christentum, 2. Aufl., Köln 1986
Friedrich Kittler, Musik und Mathematik I/2, München 2009
Heinz-Dieter Kittsteiner, „Von der Gnade zur Tugend", in: Spiegel und Gleichnis, hg. Von Norbert Bolz und Wolfgang Hübener, Würzburg 1983
Günter Klein, Vernehmen statt Erklären, Rheinbach 2008
Jacques Lacan, Schriften, Bd. 1, Frankfurt am Main 1975
Franz Lau, Luthers Lehre von den beiden Reichen, Berlin 1952
Karl Löwith, Weltgeschichte und Heilsgeschehen, 2. Aufl., Stuttgart 1953
Niklas Luhmann, Funktion der Religion, Frankfurt am Main 1982
Luther Deutsch, hg. Von Kurt Aland, 2. Aufl., Göttingen 1983
Martin Luther, Werke, Erlanger Ausgabe
ders., Werke, Weimarer Ausgabe
Thomas Mann, Betrachtungen eines Unpolitischen, 11. Aufl., Berlin 1919
ders., Joseph und seine Brüder, Frankfurt am Main 1975
Odo Marquard, Abschied vom Prinzipiellen, Stuttgart 1981
ders., Aesthetica und Anaesthetica, Paderborn 1989
Gerhard Nebel, Das Ereignis des Schönen, Stuttgart 1953
Friedrich Nietzsche, Sämtliche Werke. Kritische Studienausgabe, München 1980
ders., Werke (Schlechta-Ausgabe), München 1966
Andrea Grün-Oesterreich und Peter L. Oesterreich, „Luthers Reformation der Rhetorik", in: Rhetorica Movet, hg. Von Peter L. Oesterreich und Thomas O. Sloane, Amsterdam 1999
Rudolf Otto, Das Heilige, München 1963

Franz Overbeck, Über die Christlichkeit unserer heutigen Theologie, Darmstadt 1974
Blaise Pascal, Über die Religion, 7. Aufl., Heidelberg 1972
Helmuth Plessner, Grenzen der Gemeinschaft, Gesammelte Schriften Bd. V, Frankfurt am Main 2001
Florens Christian Rang, Shakespeare als Christ, Heidelberg 1954
Joseph Ratzinger Benedikt XVI, Jesus von Nazareth, Bd. I, Freiburg o.J.
Max Scheler, Das Ressentiment im Aufbau der Moralen, Frankfurt am Main 1978
Julius Schniewind, Die Begriffe Wort und Evangelium bei Paulus, Bonn 1910
Robert Shaeffer, Resentment against Achievement, Buffalo NY 1988
Rudolph Sohm, Kirchenrecht Bd. I, 2. Aufl., Berlin 1923
Robert Spaemann, Das unsterbliche Gerücht, Stuttgart 2007
Jacob Taubes, Abendländische Eschatologie, Berlin 2007
ders., Die Politische Theologie des Paulus, 2. Aufl., München 1995
Paul Tillich, The Courage to Be, 3. Aufl., New Haven 2014
ders., Der Mut zum Sein, Stuttgart 1968
Wahrheitsansprüche der Religionen heute, hg. von Willi Oelmüller, Paderborn 1986
Max Weber, Gesammelte Aufsätze zur Religionssoziologie Bd. I, 5. Aufl., Tübingen 1963
ders., Politik als Beruf, MWS I/17, Tübingen 1994
ders., Wirtschaft und Gesellschaft, 5. Aufl., Tübingen 1972
Simone Weil, Schwerkraft und Gnade, 2. Aufl., München 1954
Harald Weinrich, Wie zivilisiert ist der Teufel?, München 2007
Ludwig Wittgenstein, Vermischte Bemerkungen, Frankfurt am Main 1977
Wovon werden wir morgen geistig leben?, hg. von Oskar Schatz und Hans Spatzenegger, Salzburg 1986